すぐに役立つ

◆図解とQ&A◆

マンション管理の法律とトラブル解決マニュアル

弁護士 **藤田 裕** 監修

三修社

本書に関するお問い合わせについて
本書の内容に関するお問い合わせは、お手数ですが、小社
あてに郵便・ファックス・メールでお願いします。
なお、執筆者多忙により、回答に1週間から10日程度を
要する場合があります。あらかじめご了承ください。

はじめに

　マンションは、一戸建てとは異なり一棟の建物内に複数の居住者がいるのが特長です。自分だけで所有する部屋などの部分（専有部分）と、マンション内の他の住民と共同で所有する階段やエレベータなどの部分（共用部分）があり、管理費支払い・総会の招集・設備の点検・修繕の要否といった管理の問題に対応していかなければなりません。

　マンション管理をめぐっては住民間でトラブルが生じることもあります。マンションの所有者全員で構成される管理を目的とした団体を管理組合といいます。マンションの購入は多くの人・家庭にとって一大イベントになりますが、購入時点でマンション管理の実態まで把握していないという人もいるでしょう。まずは管理組合がどういった活動をしているのかを知ることが大切です。

　マンションの管理は各マンションのルールに基づいて行う必要があります。マンション管理のルールは区分所有法などの法令で定められ、また、国土交通省から公表されているマンション標準管理規約、各種指針に基づいて各マンションで定めます。マンションの管理にかかわる際には、これらのルールについても一定の知識を備える必要があります。

　本書は「初めて管理組合の役員になったがどうしたらよいかわからない」と悩んでいる人にも理解していただけるように、管理規約・集会・管理費・修繕・建替えといった事項について、知っておくべき法律知識や管理のポイントをQ&A形式で解説しています。

　平成28年3月にマンション標準管理規約とマンションの管理の適正化に関する指針が改正されており、本書は改正内容を踏まえて内容を見直しました。また管理費の徴収などトラブルが生じたときに活用できる法的手段についても解説を加え、あわせて支払督促申立書や訴状の記載例を掲載しました。

　本書をご活用いただき、マンション管理の一助にしていただければ、監修者として幸いです。

　　　　　　　　　　　　　　　　　監修者　弁護士　藤田　裕

Contents

はじめに

第1章 マンション管理の法律常識

1 管理組合の構成員はどのような人で、どんな仕事を行う組織なのでしょうか。 16
2 「区分所有」とはどんな所有形態なのでしょうか。 18
3 マンションの管理はどのように行われるのでしょうか。 19
4 管理組合を法人化することで、どんな利点があるのでしょうか。 20
5 マンション管理組合の総会の組織はどのようになっていて、いかなる場合に開催されるのでしょうか。 21
6 管理組合の総会で決議する事項には、具体的にはどのような事柄がありますか。 23
7 管理組合の理事会の構成員はどのような人で、いかなる業務を処理しているのでしょうか。 24
8 管理組合の理事はどのような事務を処理するのでしょうか。また、理事長にはどんな権限や義務があるのでしょうか。 25
9 修繕業務の委託を検討していたところ、役員の1人が「私が代表を務める修理会社に任せて欲しい」と申し出てきたのですが、委託してよいのでしょうか。 27
10 監事はどんな仕事をしているのでしょうか。どのような権限や義務があるのでしょうか。 29
11 管理組合の理事や理事長の任期はどのくらいの長さが適当なのでしょうか。 30
12 外部の役員を理事や監事に選任するときの注意点について教えてください。 31
13 区分所有法とはどんなことを規定している法律なのでしょうか。 32
14 マンション建替え円滑化法とはどんな法律なのでしょうか。 33
15 マンション管理適正化法には、どのような内容が定められているのでしょうか。 34

16 被災マンション法について教えてください。 35

17 マンション管理上、建築基準法の規定に関して、どのような事柄を知っておく必要があるのでしょうか。 36

18 マンションの専有部分と共用部分について、それぞれ管理を行う義務は誰が負っているのでしょうか。 38

19 管理規約や使用細則にはどんなことを定めるのでしょうか。 41

20 マンションの外壁の塗装など補修をした方がよいと思われる箇所があるのですが、どのように手続きを進めればよいのでしょうか。 43

21 管理会社を選ぶときはどんな点に注意すればよいのでしょうか。 45

第2章　管理規約の成立と変更

1 マンションの規約を作成・変更するときにはどんな点に注意すればよいのでしょうか。 48

2 もともとペットが禁止されていなかったマンションで、買主のマナーが悪いなどの事情から、新たにペット禁止規約を新設することは可能なのでしょうか。 50

3 営業目的の使用を禁止する規約がある場合に、また貸しの借主に対しても規約により、居室での営業を禁止することができるのでしょうか。 52

4 マンションの駐車場の使用料の金額は、管理組合が自由に決定してよいのでしょうか。 53

5 駐車スペースの数が足りない場合や逆に余る場合、どんな点に注意すればよいのでしょうか。 54

6 管理規約の変更を検討しているのですが、変更手続きはどのように進めればよいのでしょうか。 56

7 他の用途での使用が認められていたマンションで、住宅専用に限定する規約の変更は認められるのでしょうか。 57

8 広告塔の設置を認めていた管理規約を変更して、設置を禁止することは可能なのでしょうか。 58

9 マンションの隣人宅から、深夜にギターの練習による騒音がひどく迷惑していますが、何らかの対応をとることは可能でしょうか。 59

10 専用使用権が認められている駐車場の料金をめぐり、一部住民の不満が募っているため、料金の値上げや専用駐車場を廃止することは可能でしょうか。 60

11 マンションの管理規約に関して、使用細則に違反する住民がいた場合に、強制的に規約を守ってもらう方法はないのでしょうか。 62

12 管理組合が連絡用に設置している掲示板を住民が他の用途で勝手に使用している場合、規約等によって利用を制限することは可能でしょうか。 63

13 業者が無断でマンションの掲示板に貼ってしまった広告等を、管理組合が剥がすことは法的に何らかの問題が生じてしまうのでしょうか。 64

第3章　総会の準備・進行の仕方

1 総会を招集するためには、どんな手続きが必要になるのでしょうか。 66

2 総会当日の手続きの流れを教えてください。 68

3 総会での議決権数は1人1議決権なのでしょうか。 69

4 総会に出席できないのですが、代理人に出席してもらうことも可能でしょうか。 70

5 「集会には代理人に出席してもらう」という居住者がいるのですが、外部者の参加を防止する方法はあるのでしょうか。 71

6 マンション管理組合の総会議事録を作成する上で注意すべき事柄はどんな点なのでしょうか。 72

7 総会の出席率が低く決議を得るのが難しいことを理由に、総会で決議に必要な賛成の人数を減らすことは可能でしょうか。 74

8 実際にマンションに住んでいない区分所有者に対して、どの

	ように総会の招集通知を出せばよいのでしょうか。	75
9	招集通知に記載した議題の他に、決議すべき事項が生じた場合に、改めて通知を行わなくても決議を行うことは可能でしょうか。	76
10	専有部分を数人で共有している場合には、総会における議決権の数はどのように扱われるのでしょうか。	77
11	理事長が総会に出席せず、退任手続きも行っていない場合に、理事長は退任したものと扱うことができるのでしょうか。	78
12	総会で事前に通知していなかった議題が突然提案された場合、決議をとることは可能なのでしょうか。	80
13	総会議事録に議長の署名はあるのですが、押印がなされていない場合に、総会の効力は認められるのでしょうか。	81
Column	こんな管理組合には危険がいっぱい	82

第4章　管理組合の組織と運営

1	マンション管理組合の組織はどのようになっていて、何の目的で設置されるのでしょうか。	84
2	管理組合の設立は法律上の義務なのでしょうか。	86
3	管理組合を法人化するためには、どのような設立手続きを経る必要があるのでしょうか。	87
4	マンションの入居予定者が開いた管理組合の創立総会に、効力は認められるのでしょうか。	89
5	管理組合の名義で銀行口座を作るには、どんな手続きが必要になるのでしょうか。	90
6	マンションの隣地に商業ビル等が建設されることに対して、管理組合が反対する方法はあるのでしょうか。	91
7	ずさんな管理を行うマンションの管理者を解任するには、どんな方法をとればよいのでしょうか。	92
8	マンションの入居者は、自治会に加入して、自治会費を支払う義務があるのでしょうか。	93

- 9 管理業者に委託することなく、管理組合が自分たちだけでマンション管理を行う場合に、どんな点に注意する必要があるのでしょうか。 95
- 10 マンション管理組合の役員は、どんな義務や責任を負うのでしょうか。 96
- 11 管理組合の役員に報酬を支払う必要はあるのでしょうか。 98
- 12 管理業務の委託を検討しているのですが、そもそも管理会社はどんな業務をしているのでしょうか。 99
- 13 管理会社の仕事ぶりがあまりよくないように思うのですが、どのように判断すればよいのでしょうか。 100
- 14 管理委託契約書を作成する場合に、どんな点に注意する必要があるのでしょうか。 102
- 15 管理委託契約書に添付されている仕様書は、どのような書類なのでしょうか。 103
- 16 管理会社との管理委託契約を結ぶときのポイントについて教えてください。 105
- 17 管理会社に管理業務を委託する場合、一部の業務だけを委託することも可能でしょうか。 106
- 18 管理会社の業務の縮小や変更のために、専門業者や他の管理会社から見積りをとる上で、どのような点に注意する必要があるのでしょうか。 107
- 19 管理人が 24 時間常駐しているはずのマンションで、夜間に管理人室に誰もいない場合に、改善を求めることはできるのでしょうか。 109
- 20 理事会はどのような事項について決議を行い、また、誰が招集することができるのでしょうか。 110
- 21 出席者不足で理事会が成立しなくなることを防ぎたいのですが、どんな対策が考えられるでしょうか。 112
- 22 理事会の議事録に、理事長の署名があるのみで押印がない場合には、理事会議事録は無効になるのでしょうか。 114

23	住民の中に建築士や弁護士等がいる場合、理事会の下に専門家による諮問委員会を設置することは可能でしょうか。　115
24	業務監査とは誰が行い、どのような業務をいうのでしょうか。　116

第5章　管理費についての取り決めと徴収方法

1	管理費はどんな目的のために使われるのでしょうか。　118
2	管理費を使って住民の交流イベントを行おうと思っているのですが、反対者もいます。問題になるのでしょうか。　119
3	管理委託費はどのような用途に用いられ、金額が適正かどうかどのようにチェックすればよいのでしょうか。　120
4	管理費を安く抑えるには、どのような方法があるのでしょうか。　122
5	管理費を節減したいのですが、管理員は常駐させないといけないのでしょうか。　123
6	マンションの設備点検や管理に必要な費用を見直す上で、どのような点に注意すればよいのでしょうか。　124
7	エレベーターの保守契約を見直すことで、管理費を抑えることも可能でしょうか。　126
8	分譲マンションの一室を購入したのですが、支払う管理費の負担割合がよくわかりません。管理費はどのように負担するものなのでしょうか。　127
9	マンションの管理費が不動産業者の説明とは異なり、高額であった場合に、購入契約の解約等を行うことは可能でしょうか。　128
10	マンション1階はエレベーターを使用しないため、その分の管理費を免除されたり、専用庭の使用分の管理費が高く設定されるということは認められるのでしょうか。　129
11	理事会の役員が管理費の運用に失敗して大きな損失が出た場合、理事会構成員に補償を求めることは可能でしょうか。　130
12	管理会社が倒産した場合、組合員が支払った管理費や修繕積立金は守られるのでしょうか。　131

13	売れ残り住戸の管理費について、住戸の販売会社に支払わせることは可能でしょうか。	132
14	収支決算を行った結果、管理費が不足することが判明した場合、不足分を追加徴収することは可能でしょうか。	134
15	滞納者に対する管理費の請求について方針を決める場合にも総会決議が必要になるのでしょうか。	135
16	管理費を滞納している住民に対して、強制的に支払いを請求する方法はあるのでしょうか。	136
17	中古マンションを購入する場合、前の持ち主が管理費などを滞納しているとその分を支払わなければならないことがあると聞きましたが、本当なのでしょうか。	137
Column	横浜のマンション傾斜事件はなぜ起きたのか	138

第6章　マンションの修繕と建替え

1	マンションの点検や修繕について、どんな点に気をつければよいのでしょうか。	140
2	鉄部が劣化しているのかについてどのように判断したらよいのでしょうか。	142
3	外壁の劣化を見つけた場合にはどんな点に注意すればよいのでしょうか。	143
4	屋上の定期点検を行う上で、どんな点に気をつければよいのでしょうか。	144
5	給排水設備の構造や劣化によるトラブルにはどのようなものがありますか。	145
6	修繕積立金とはどんな性質のお金で、金額はどのように決めるのでしょうか。	146
7	マンションの修繕は何年ごとに行うのでしょうか。法的な基準などはあるのでしょうか。	147
8	築20年のマンションに住んでいますが、階段の一部にひびが入っていました。この修理費用は誰が負担することになる	

	のでしょうか。	148
9	分譲団地の特定の棟の駐輪場が壊れてしまった場合に、全住民から集めた管理費から修理代を支払うことは不公平ではないのでしょうか。	149
10	修繕工事にはどのような種類があり、どんな発注方式があるのでしょうか。	150
11	修繕業者を選ぶ際には特定の業者に依頼することになるのでしょうか。	152
12	工事監理にはどんな方式があるのでしょうか。	153
13	大規模修繕工事には、どんな種類の工事があるのでしょうか。	154
14	マンションの修繕工事を行うにあたり、どんな場合に特別決議が必要になるのでしょうか。	156
15	長期修繕計画を上手に立てるためには、どんな点に注意すればよいのでしょうか。	157
16	修繕の要否はマンションの管理業者に判断してもらえばよいのでしょうか。	159
17	積立金や借入れについて管理規約で定める場合に、どんな点に注意すればよいのでしょうか。	160
18	棟別の修繕積立金から支出すべき各棟一斉修繕の費用を全体修繕積立金から支出するという総会決議が可決した場合、どのようになるのでしょうか。	161
19	各住戸の床下も含めた配水管の取替え工事を行いたいのですが、管理組合が、居住者の住戸に立ち入る工事を行うことは可能なのでしょうか。	162
20	地震や火災などの緊急時には、理事長や理事会はどんな対応をとることができるのでしょうか。	163
21	全棟一斉修繕工事について、建物外壁工事と手すりの塗装工事の決議を一括して採択したいのですが、可能でしょうか。	164
22	管理組合の理事長が、修繕積立金の運用方法を変更して、証券会社の商品に出資することは可能なのでしょうか。	165

23	長期修繕計画を見直したところ、修繕積立金が不足することが判明した場合、住民から徴収することは可能なのでしょうか。	166
24	住民から修繕計画の状況などについて情報開示を求められた場合、応じなければならないのでしょうか。	168
25	入居者の高齢化も視野に入れ、マンション設備のバリアフリー化を検討しているのですが、気をつけるべきことはありますか。	169
26	建替えと復旧はどう違うのでしょうか。	170
27	建替えにかかる費用の調達方法について知っておくべきことはあるのでしょうか。	171
28	マンションの建替え手続きはどのように進めていけばよいのでしょうか。	172
29	マンションの建替えに反対したい場合、どのような方法により反対を主張すればよいのでしょうか。	174
30	今度マンションの耐震強度確認検査を行うようなのですが、耐震性が足りなかった場合どんな手段がとれるのでしょうか。	176
31	建物の復旧手続きはどのように進めていくことになるのでしょうか。	178

第7章　専有部分・共用部分・敷地の使用を管理するノウハウ

1	共用部分の管理・修繕にはどんな業務があり、誰が行うのがよいのでしょうか。	180
2	区分所有者の共用部分に対する権利として、どんな内容が認められているのでしょうか。	181
3	専有部分を修繕するときには、理事会への報告など一定の手続きが必要になるのでしょうか。	183
4	天井の上にある配水管から水が漏れているようで、被害を受けているのですが、この場合、誰に責任を求めればよいのでしょうか。	184
5	マンションの共用部分「ちびっこ広場」を改築して駐車場を増設することも可能でしょうか。	185

6 ベランダの隣戸との境界にある隔て板が破損したのですが、破損の原因はわかりません。このような場合、誰が修理費を負担すべきでしょうか。 186

7 マンションのエレベーターが急に停止し、1時間閉じ込められ会社に遅刻しました。このような場合、責任を追及することは可能でしょうか。 187

8 マンションの外壁がはがれて落下して通行人がケガをした場合、補償の責任は誰が負うのでしょうか。 188

9 複合型マンションの管理は、誰がどのように行うのでしょうか。 189

10 時間外のゴミ出しなど、ゴミ置場のルールを守らない住人に対して、管理組合としてできるよい対策はないでしょうか。 190

11 電気の容量を増やしたいという住居者のために、マンション全体の電気容量を増やすことは可能でしょうか。 191

12 マンションの関係者以外の者がマンション敷地に勝手に駐輪することをやめさせる方法はあるのでしょうか。 192

13 リフォームをする際に注意すべき点は、どのような事項なのでしょうか。 194

第8章 マンションをめぐるその他の問題

1 マンションの一室に暴力団事務所が入っているのですが、立ち退いてもらうことは可能でしょうか。 196

2 居住者が部屋を別人に貸したいようなのですが、暴力団や半グレといった人が入居してくるのは阻止したいのですが。 198

3 マンションの登記は一般の土地・建物の登記と記載が異なると聞いたのですが、具体的にはどのような違いがあるのでしょうか。 199

4 全住戸住宅専用の説明で購入したのですが、隣人が学習塾を開いているようです。居住目的以外に利用しても問題ないのでしょうか。 200

5 マンションの防犯対策にはどのような方法があるのでしょうか。 201

第9章　標準管理規約・法的手段の活用法

マンション標準管理規約の見方

マンション標準管理規約とは　204／平成28年3月の改正でどう変わったのか　204

資料　マンション標準管理規約（単棟型）　206

マンション管理適正化指針の見方

マンション管理適正化指針とは　235／その他のモデル書式や指針　235

資料　マンションの管理の適正化に関する指針　236

管理費徴収のための法的手段の内容

滞納者から管理費を回収する手段　242／滞納発生　242／滞納者の保有財産の調査　243／法的措置の内容（担保権の実行や競売請求）　244

法的手段の利用法

内容証明郵便　247／法的手段の利用　247／強制執行　249／区分所有法7条（先取特権）と区分所有法59条の競売手続　251

書式　マンション管理費請求のための支払督促申立書　252

書式　マンション管理費請求のための訴状　254

第1章

マンション管理の法律常識

管理組合の構成員はどのような人で、どんな仕事を行う組織なのでしょうか。

マンションを管理し、良好なマンション環境を守ることを目的とする団体です。

　マンションは大勢の人たちが暮らす建物です。快適な生活をするためには、行き届いたマンションの管理が不可欠です。そこでマンション管理について定めた区分所有法という法律では、「区分所有者は、全員で建物並びにその敷地及び附属施設の管理を行うための団体を構成する」と規定しています。この「団体」のことを一般に管理組合と呼んでいます。管理組合のおもな仕事には、①共用部分の管理、②管理費の徴収・管理、③管理規約を作ること、があります。管理組合は名前の通り、マンションを管理し、良好なマンション環境を守るための存在です。

　マンションの管理組合に入ることができるのはマンションの各部屋の所有者（購入者）です。むしろ、マンションの各部屋の所有者は、希望するしないにかかわらず、法律上当然に、管理組合の構成員になるものとされています。仮にマンションの一室を購入して、実際にはその部屋に居住していなくても、所有者であれば、管理組合の構成員になります。

　マンションには、分譲により部屋を所有している人（区分所有者）の他に、区分所有者から部屋を借り受けて住んでいる人（賃借人）がいる場合もありますが、賃借人は区分所有者ではないので、管理組合の構成員にはなれません。

住戸の所有者は、管理組合員であることを強制されるとともに、所有者である以上、自由な意思に基づき脱会することはできません。賃借人も同じマンションで生活するわけですから、区分所有者と同じようにそのマンションのルールに従わなければなりません。区分所有法は、「賃借人も建物の保存に有害な行為、建物の管理・使用について区分所有者の共同の利益に反する行為をしてはならない」と定めています（6条3項）。賃借人がこの義務を怠った場合には、賃貸人から賃貸借契約を解除されることもあります。

　また、他の区分所有者は賃借人に対して違反行為を止めるように警告や勧告をしたり、規約に基づいて制裁を課したりすることができます。さらに、集会の特別決議（区分所有者及び議決権の各4分の3以上の多数で行う決議）によって、賃貸借契約の解除と建物の引渡しを請求する訴えを提起することもできます。

　なお、建物の使用方法などについて賃借人に利害関係がある場合には、賃借人にも集会への出席と意見を述べる権利が認められています。

■ マンション管理のしくみ

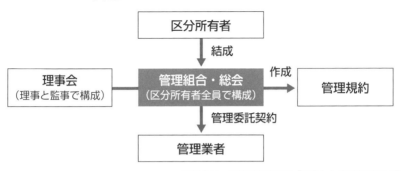

※総会は、区分所有法では「集会」と表現されている

 **「区分所有」とはどんな所有形態なのでしょうか。**

 マンションの一部の所有権を有していることです。

　一戸建ての建物を購入する場合、建物を購入した人は自由に建物を処分できるのが原則です。しかし、マンションの購入については同じ建物内の各部屋を複数の人間が所有・管理するという特徴があるため、マンション独自の「区分所有」というルールが必要になります。

　区分所有とは、マンションの一部の所有権を有していることをいいます。マンションの分譲を受けた人は、マンションを区分所有していることになります。そして、マンションを区分所有している人のことを区分所有者といいます。

　マンションには、「専有部分」と「共用部分」があります。専有部分とは、マンションの中の各部屋に該当する場所のことを指し、原則としてその部屋に住んでいる人（区分所有者）が自由に用いることができます。これに対して共用部分とは、エレベーターや階段などマンションの住民全員が用いる場所のことをいいます。共用部分については、マンションの住民全員で管理を行うことになります。専有部分と共用部分の区別をどうするか、共用部分を管理するための費用をどのようにマンションの住民の間で分担するかなどの事項を決めるために、マンションごとのルールを定めることが必要です。

 マンションの管理はどのように行われるのでしょうか。

 集会の決議によって選任された管理者が区分所有者を代理して職務を行います。

　マンションの管理方針などは集会（総会）で決定します。マンションの区分所有者は、管理組合の構成員となります。区分所有者の意思を確認するために、区分所有法では集会を年1回以上開催することを義務付けています。この集会で区分所有者の意思を確認し、重要な管理方針などを決定します。

　また、共用部分はもちろん、専有部分についてもあらかじめ決まりごとを作り、区分所有者に知らせておけば、管理についてのトラブルを防止し、公正な管理ができるようになります。そこで、区分所有法では、管理組合として区分所有者が守るべき決まりごと（規約）を作ることを認めています。管理規約は、管理組合が管理を行う共用部分だけでなく、住民が住む各部屋（専有部分）にも効力が及びます。また、敷地や駐車場といった附属施設の管理や使用についても規約を作ることができます。

　マンションの管理については、本来であればマンションの管理は区分所有者が全員で行うべきものです。しかし、大勢の区分所有者が直接管理に携わることは実際には困難です。そこで、通常、集会の決議によって管理者を選任し、共用部分の管理をまかせます。選任された管理者は、すべての区分所有者を代理して職務を行います。多くの場合、理事長が管理者になります。

 管理組合を法人化することで、どんな利点があるのでしょうか。

 管理組合名義の口座の開設や、組合名義で借入れなどが可能になります。

　管理組合の名義で金融機関に口座を開設することは原則としてできません。そこで、管理組合の修繕積立金などのお金は理事長名義の個人の口座に入れることがよくあります。しかし、個人口座に組合のお金を保管しておくと、その個人が勝手に使ってしまう危険性があります。

　そこで、管理組合名義の口座を作る方法として、「管理組合の法人化」という方法があります。「法人」とは、人ではないが、生きている人と同じように法律上の権利を認められた存在のことで、たとえば株式会社は法人の例です。

　管理組合法人は株式会社ではありませんが、管理組合が法人になった場合、組合名義の口座の開設はもちろん、金融機関から組合名義で修繕金などの借入れを行うことも可能です。

　このように、管理組合の法人化により、組合員個人の財産との区別が明確になり、理事長等の不正を防止することができます。また、管理組合が訴訟等を行う場合、法人化していれば理事長の個人名義で行う必要がなく、理事長の負担も軽減できます。しかし一方で、法人化の手続きは煩雑であることや、管理組合の役員が代わった際に、登記の変更や印紙代の支払いなど、手間や費用が必要になることは押さえておく必要があります。

 マンション管理組合の総会の組織はどのようになっていて、いかなる場合に開催されるのでしょうか。

 最高意思決定機関として、マンションの管理・使用に関する事項を決定します。

　管理組合は、総会、理事会、理事長、理事、監事、その他の組合員で構成されています。総会はすべての組合員が参加する最高意思決定機関です。理事会は、理事長と理事で構成され、総会で決議されたことをもとにマンションの管理の方針を決定します。また、監事は、管理組合の業務についてのチェックを行います。監事が、理事の不正行為等を発見したときは、理事会に報告しなければなりません。通常は、マンションの住民が持ち回りで理事や監事の役割を負います。暴力団関係者等、役員になることができない者について、マンション標準管理規約は列挙しています。

　総会はマンション最高の意思決定機関として、マンションの管理・使用についての問題はすべて、区分所有者全員で構成する総会で決めます。総会では、決算報告や予算案の承認、長期修繕計画についての決議などを行います。総会では、マンション管理にとって重要な事柄を決定するので、総会に出席した人が納得するまで議論をしてから決議を行うことが必要です。総会は管理者が選任されている場合、管理者（標準管理規約では理事長）が招集します。なお、法人化されている組合の場合は、理事が招集します。

●定期総会と臨時総会がある
　マンション管理における総会には、定期総会と臨時総会があり

ます。定期総会は年に一度開く総会で、おもに年度ごとの決議が必要な事項について総会で話し合いと決議がなされます。たとえば、予算については一年に一回必ず総会で決議することが必要なので、定期総会での議題になります。

　総会において、議題に関する議決は、原則として、議決権の過半数により決せられることになります。多くの管理規約では、組合員が所有する住戸1戸につき1つの議決権とされていることが一般的ですが、専有面積や専有部分の価値等に応じて、議決権が定められるという管理規約も見られます。

　これに対して臨時総会では、急を要する事項について決議がなされます。たとえば、理事の一人がマンションから退去することになったために理事の人数が足りなくなり、新しく理事を一人選任する必要がある場合や、緊急に規約の改定が必要になった場合、設備を修理・新設するために総会の開催が必要になった場合などに、臨時総会が開催されます。

　通常は、定期総会の開催によってマンション管理のために必要な事項についての決定がなされます。しかし、突発的にマンション管理についての問題が生じることがあり、そのような場合には迅速に臨時総会を招集して決議を行うことが必要です。

■ **総会の招集権者**

```
┌─────────────────────────────────┐
│ 原則として管理者・理事それぞれが招集できる │
└─────────────────────────────────┘
              ↓ ただし
┌─────────────────────────────────┐
│    規約に定めがあればその定めに従う      │
└─────────────────────────────────┘
              ↓ また
┌─────────────────────────────────┐
│ 標準管理規約では理事長に招集権限が認められている │
└─────────────────────────────────┘
```

 管理組合の総会で決議する事項には、具体的にはどのような事柄がありますか。

 施設の管理の他、建替えなど住民にとって重要な事項に関して決議を行います。

　総会の決議事項には、区分所有者と議決権の各過半数で決める普通決議事項と過半数よりも厳しい特別多数によって決める特別決議事項があります。普通決議事項としては、共用部分や敷地、付属施設の管理、共同の利益に反する行為の停止請求の訴え提起などがあります。特別決議事項としては、建替えの決議、マンション敷地売却決議、共用部分の変更、規約の設定・変更・廃止などがあります。

　総会で決議すべき事項の中でもとくに重要なものについては特別決議事項とされています。決議のために必要な条件が異なっているので、総会での決議事項が普通決議事項か特別決議事項なのかを見極めることが必要です。

　総会での決議事項は、マンションの各部屋の住人にとって重要な事項を内容としていることも多く、住人も積極的に関心をもつのが理想です。しかし、実際のところ、総会の運営にあまり興味がないという住人もおり、総会の開催に支障が生じます。定足数を定めているようなマンションの場合だと、最悪の場合、定足数を満たさず、総会を開催できないという可能性も生じます。そのため、理事会は、総会に関心をもってもらえるように、マンションの所有者に働きかける活動をすることも必要です。

Question 7
管理組合の理事会の構成員はどのような人で、いかなる業務を処理しているのでしょうか。

管理規約で定められた事柄を実行するとともに、総会に出す議案を作成します。

　管理組合には役員として、数名の理事と監事が置かれます。理事は管理組合の業務を行い、監事は管理組合の財産や理事の業務を監督します。

　理事会は理事全員で構成される機関で、管理規約に定められた事柄を決定することができます。理事会は総会と違い、区分所有者すべてが参加している機関ではありません。

　理事会では、管理組合の運営状況について担当理事が報告を行い、業務執行等について協議するとともに、必要な事項について、決議を行うこともできます。ただし、大規模な修繕工事などについては、総会決議が必要になります。

　また、理事会は集会（区分所有法では「集会」とされていますが、総会のことを指しています）に出す議案を作成する機関でもあります。たとえば、マンションに住み続けていると、マンションの備品が故障・汚損します。その場合に長期の修繕計画案を集会に提出するのは理事会の役割です。さらに、集会で決議された事項を実行することも仕事の1つです。たとえば、住民が管理規約や使用細則に違反した場合に、警告や注意を行うことができます。なお、マンション標準管理規約が改正され、役員として、弁護士や建築士など外部専門家を選任することが可能になりました。

管理組合の理事はどのような事務を処理するのでしょうか。また、理事長にはどんな権限や義務があるのでしょうか。

理事はマンションの管理事務全般を担い、理事会を代表するのが理事長です。

　理事は、マンションの管理のために必要な仕事を行います。おもな仕事としては、マンションの管理規約案の作成があります。総会で決議すべきマンション管理規約などについては、理事が原案を作成することになります。
　また、管理会社や不動産会社（分譲業者）など、外部の組織や個人との交渉も理事の仕事です。管理会社と話し合う際には、管理組合を代表して管理会社との交渉を行います。管理会社との間でトラブルが生じたときも理事が対応することになります。このように、理事は管理組合を代表する権限を持ちますが、組合内部の取り決めにより、理事の持つ代理権に制限を加えることは可能です。もっとも外部から代表権を持つ理事と、持たない理事を判別することは困難ですので、加えた制限について、事情を知らない第三者に対して、代表権を持たないことを主張することはできません。また、住民からの苦情処理、要望の受付や、マンション内のイベントの運営なども行います。マンションの住民同士の交流の場を作ることは、マンションで生活する上で必要なことです。

●**理事長の仕事**
　理事長は、理事会の議長であり、管理組合を代表する者でもあります。理事長は通常、区分所有法上の管理者とされます。

一般的に、理事会の役員は総会において選出され、そして、理事長や副理事長は理事の中から互選により選任されます。理事長の「職務上の権限」と「職務上の義務」には、以下のようなものがあります。

① 　職務上のおもな権限

・共用部分の保存行為を行う権限

　保存行為とは日常の簡単な修繕や施設の点検といった現状を保つために必要な行為のことです。

・管理組合の集会の決議を実行

　区分所有法上、管理者が行うものとされていることを行います。

・集会の招集

　区分所有法上、最低年1回は集会を招集しなければなりません。

② 　職務上のおもな義務

・報告義務

　理事長は集会において最低毎年1回、その事務についての報告をしなければなりません。なお、理事は管理組合に対して、著しい損害を及ぼすおそれがある事実を発見した場合には、直ちに、当該事実を監事に報告しなければなりません。

・閲覧義務

　規約や議事録などを保管し、利害関係人から請求があった場合は閲覧させる義務があります。

・善管注意義務

　管理者として通常要求される程度の注意を払って職務にあたる義務（善管注意義務）を負います。その義務を怠って区分所有者に損害を与えたときは、これを賠償する責任を負います。また、理事長が事務を処理する上で、金銭やその他の物を受け取った場合には、区分所有者に引き渡すなどの義務を負っています。

修繕業務の委託を検討していたところ、役員の1人が「私が代表を務める修理会社に任せて欲しい」と申し出てきたのですが、委託してよいのでしょうか。

利益相反取引にあたると考えられますので、理事会による承認が必要です。

　標準管理規約には、①役員が自己又は第三者のために管理組合と取引をしようとする場合、②管理組合が役員以外の者との間で、管理組合と役員の利益が相反するような取引をする場合には、理事会において当該取引に関する重要な事実を示した上で、承認を受けなければならないと定められています。

　利益が相反するような取引とは、管理組合にとって不利益であるにもかかわらず、役員にとって経済的その他のメリットがあるために、行われる取引を指します。役員は、本来はマンションの資産価値を維持又は向上させなければならない立場にあるため、管理組合の利益を犠牲にして、自分自身又は第三者の利益を図ることがあってはなりません。たとえば、理事長がひいきにしている企業等に、修繕工事等を依頼するために、多額のリベートを受け取っていたような場合には、管理組合に損失を与えます。しかし、他の会社よりも、低価格で工事を発注できるなど、管理組合の利益になる場合もあり得ますので、利益相反取引は一律に禁止されているわけではありません。そこで、役員が利益相反取引を行おうとする場合には、理事会の承認が必要なものと定めておくことで、利益相反取引により管理組合が損失を受けることを防ごうとするしくみを整えることが求められています。

なお、管理組合の役員に、弁護士等の外部の専門家が就任することが可能になっていますが、利益相反取引に対して、管理組合のチェック機能が適正に働くことも、役員に外部専門家を活用する際に期待されているところです。

　また、理事会の決議においても、利益相反取引等によって、特別の利害関係を有する役員は当該議決に加わることができない、という規定をマンション標準管理規約は置いています。その際には、利益相反取引等に関係がある役員以外が、管理組合を代表するようしくみを整えておく必要があります。

　管理組合が、修繕業務を委託する相手として、役員の1人が、自身が代表を務める修理会社に委託したい旨を申し出てきた場合、管理組合の出費により、役員が代表を努める修理会社は利益を受けることになりますので、この修繕業務の委託契約が結ばれた場合、これは利益相反取引にあたるものと考えられます。したがって、理事会の承認を受けなければ、役員が代表を務める修繕業者に委託することはできません。

■ **利益相反取引に対する規制**

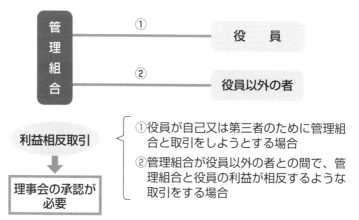

Question 10 監事はどんな仕事をしているのでしょうか。どのような権限や義務があるのでしょうか。

管理組合の運営や会計を監視する役割を担っています。

　監事の仕事は、管理組合の運営や会計が適正・公正に行われるように、理事会などを監視することです。監事は、管理組合の業務執行や財産の状況を監査して、その結果を総会に報告するという義務を負っています。管理組合の運営や会計に不正が認められる場合には、臨時総会を招集することもできます。

　監事は、いつでも理事や職員に対して、業務の報告を求めたり、業務や財産の状況を調査したりすることができます。また、理事が不正な行為、法令・規則に違反する行為、総会・理事会決議に違反する行為などをしていると認められる場合には、遅滞なく理事長に報告をしなければなりません。また、必要がある場合には、理事長に報告するだけに止まらず、理事会の招集を請求することもできます。請求したにもかかわらず、理事長が理事会を招集しない場合には、監事が自ら理事会を招集することもできます。

　監事には理事会に出席する権利があります。また必要があるときには理事会において意見を述べることもできます。ただし、監事は理事会とは別個の独立した機関であり、理事会の構成員ではありません。そのため、理事会に出席した場合であっても、その決議自体に加わることはできません。あくまでも理事会運営や決議内容のチェックを目的として理事会に出席することになります。

管理組合の理事や理事長の任期はどのくらいの長さが適当なのでしょうか。

理事の任期は２年程度、そして、理事長の任期は１年が適切な期間といえます。

　役員の任期については、法律で期間が定められているわけではなく、それぞれのマンションの規約で定めることができます。

　長すぎても短すぎても、マンション管理の点でふさわしくないので、マンション管理組合の役員の任期は２年程度とするのがよいでしょう。任期を１年としてしまうと、定時総会ですべての役員が改選されることになり、役員が全員交代してしまうことになるので、理事会としての活動が停滞してしまう可能性があるためです。そのため、役員の任期は２年として、１年ごとに半数ずつを改選していくのが適切です。実際に多くのマンションの管理規約では、役員の任期は１～２年とされている場合がほとんどです。この方法であれば、役員の半数は前期の活動の内容を知っていることになるので、理事会としての活動を継続的に行うことができます。

　また、理事長の任期についても、同様に管理規約により１～２年と定められている場合が多いようです。しかし、理事長の任期は１年間が適切とされています。理事長を同じ人が何年も続けてやっていると、たとえ能力のある人であっても何らかの問題が生じてしまいます。そのため、理事長に関しては、１年間を目安として交代で務めるべきです。

外部の役員を理事や監事に選任するときの注意点について教えてください。

外部の専門家の業務内容について監視・監督するしくみを整える必要があります。

　マンション標準管理規約が改正され、マンション管理において外部専門家を活用する方法として、外部専門家を理事等の役員に選任することが可能になりました。そして、外部専門家を役員に選任する場合、具体的な選任方法については、細則で定めるものと規定されています。外部の専門家としては、建築士や弁護士が念頭に置かれていますが、役員として、専門家が持っている知識やスキルを活用して、これまで以上に適正なマンション管理を実現することが期待されています。

　そのため管理組合は、外部専門家が期待された能力等を発揮して、マンション管理を適正に行っているのか、そして、マンションの財産的価値を最大化することに貢献しているのかを確認しなければなりません。マンション標準管理規約の改正とともに、マンションの管理の適正化に関する指針も改められました。新しい指針の中でも、マンション管理の適正化の基本的方向として、外部の専門家が管理組合の役員に就任する場合に、マンションの住民等が役員の選任や業務の監視等を適正に行うとともに、監視・監督の強化のための措置等を講じることで、適正な業務運営を担保することが重要であると定められています。管理組合は細則により、外部専門家の監視・監督体制を整える必要があります。

区分所有法とはどんなことを規定している法律なのでしょうか。

区分したマンションの各部分の所有関係や共用部分の管理について規定しています。

　区分所有法は、正式名を「建物の区分所有等に関する法律」といい、マンションを対象とする場合が多いことから「マンション法」とも呼ばれています。

　区分所有法は、マンション内を区分して各部分の所有関係を明らかにし、建物や敷地などの共同管理に関してのルールを定めている法律です。マンションの各部屋の購入者が居住する「専有部分」や、建物の外壁、廊下、エレベーター、駐車場などの「共用部分」の所有権や権利関係について定めています。

　また、分譲マンションなどは複数の居住者が1棟の建物をともに利用することになるため、マンションの内外部分を共同で管理していく必要があります。さらに、敷地の利用権についても同様に規定することが重要です。区分所有法では、このような場合において、建物や敷地などを共同で管理するための組織についての詳細や、運営にあたるルールなども定めています。

　また、マンションなどの建物は年数経過にあたり劣化していくため、さまざまな復旧工事、場合によっては建て替え工事が必要になる場合があります。区分所有法では、マンションに不具合が生じた際のトラブルを防ぐため、不具合の規模に応じた区分所有者の対応方法についても定めています。

マンション建替え円滑化法とはどんな法律なのでしょうか。

老朽化マンションの建替えが円滑に進むための法制度の整備を目的とした法律です。

　マンションの建替えの円滑化等に関する法律（マンション建替え円滑化法）は、建替えを円滑に進めるための法制度の整備を目的とし、床面積が小さなマンションでも適用の対象になります。

　おもな内容は、マンション建替え事業のための組合の設立が可能になったことで、個人ではなく組合がマンション建替えのための活動を行うことができる「マンション建替え事業の主体となる建替え組合の設立」、権利変換計画により建替え前のマンションに対する権利を建替え後のマンションに移行できる「権利変換計画による権利関係の円滑な移行」、マンション建替えに反対する者がいる場合には、マンション建替え組合による権利を買い取ることができる「マンション建替え組合による権利の買い取り」、建替え事業を行う場合などに、区分所有者に対して代わりの住宅を確保するなどの居住安定のための措置を講じる「区分所有者に対して代わりの住宅を確保するなど居住安定のための措置」などです。

　なお、この法律は、巨大地震発生に備え、耐震性が不十分なマンションの建て替えをスムーズに行うことを目的に平成26年に改正されました。これにより、耐震性不足の認定を受けることで、多数決によってマンションや敷地の売却が可能になり、容積率の緩和に特例が設けられました。

マンション管理適正化法には、どのような内容が定められているのでしょうか。

マンション管理の指針作成や、管理業者の登録制度などについて規定しています。

　マンションの管理の適正化の推進に関する法律（マンション管理適正化法）の目的は、マンション管理組合が適正に運営され、マンション管理業者の資質が一定程度保証されることで、健全なマンション管理を推進し、良好な居住環境を確保することです。この法律は、マンション管理の適正化に関する指針の作成・公表やマンション管理業者の登録制度など、管理全般について規定しています。指針においては、管理組合による適正な管理を促すために、管理組合の運営や長期修繕計画や、具体的な管理のあり方について定めを置いています。平成28年3月に改正されたマンションの管理の適正化に関する指針では、コミュニティ形成の積極的な取組みに関する記述や、役員等への外部専門家の活用に関する留意事項等について、記載が盛り込まれています。

　また、マンション管理適正化推進センターの業務の内容や、国土交通大臣がマンション管理適正化推進センターの指定を行うことなどについても規定されています。

　なお、マンション管理業者に対して、法律上の処分基準を示していることも特色のひとつです。登録を受けずにマンション管理業を営んだ者や、虚偽の事実を報告することでマンション管理業者の登録を受けた者に対しては、懲役刑や罰金刑が科されます。

Question 16 被災マンション法について教えてください。

Answer 地震などで全壊した場合にマンションの再建を決定できることを定めています。

　被災区分所有建物の再建等に関する特別措置法（被災マンション法）は、マンションが地震などによって全壊した場合に、敷地所有者の多数決で新たなマンションの再建を決定できることを定めた法律です。本来、マンションが全壊した場合、敷地の所有者全員の同意がなければ新しいマンションを建てることはできないのが原則ですが、それでは迅速で円滑なマンションの再建が困難になるため、一定の場合に再建をしやすくしています。具体的には、再建について協議する集会において敷地共有者等の議決権の5分の4以上の賛成があればマンションの再建ができると規定されています。

　また、平成26年の被災マンション法の改正により、大規模な災害により重大な被害を受けた場合に、5分の4以上の多数により取り壊し・売却を実現する決議制度が創設されました。あわせて、大規模な災害により滅失したマンションの敷地について、5分の4以上の多数により売却できる決議制度もできました。

　なお、再建を決議する際には、新たに再建する建物の設計の概要、建物の再建のために必要な費用の概算額、建物の再建に必要な費用の分担に関する事項、再建する建物の区分所有権の帰属に関する事項を定める必要があります。

マンション管理上、建築基準法の規定に関して、どのような事柄を知っておく必要があるのでしょうか。

容積率・建ぺい率等の規制の他、指定機関による審査に関する規定が重要です。

建築基準法とは、街の景観や建物の安全のために、建物について一定の規制をしている法律です。建替えによるマンション建築でも、一般の建物と同じように建築基準法の規制があります。おもな規制は次のようなものです。

① 容積率の規制

容積率とは、建物のすべての床面積を合計した延べ面積の敷地面積に対する割合のことです。つまり容積率は、「(延べ面積÷敷地面積)×100」ということになります。高層マンションなどの場合は、容積率が500％以上になることもあります。容積率は市区町村によって土地ごとに決められています。マンションの建替えの際に容積率を考慮しないと「容積率の制限によって、計画よりマンションの規模が大幅に小さくなってしまった」という事態もあり得ます。

② 建ぺい率の規制

建ぺい率とは、その建物の建築面積（建物の外壁又はそれに代わる柱の中心線で囲まれた部分の水平投影面積）の敷地面積に対する割合をいいます。マンションの場合は、マンション各階でもっとも外に突き出した部分の中心を結んだ部分の内側が建築面積になります。

建築面積は容積率と違い、100％を超えることはありません。建ぺい率は、％表示ではなく、10分の1単位で決まっています。建ぺい率も容積率と同じように市区町村によって土地ごとに決められています。マンションの建替えにあたって建ぺい率を考慮しないと、「建ぺい率の規制が以前より厳しくなっていたため、建替え後のマンションの各階あたりの面積が狭くなってしまった」という事態があり得ます。

③ 高さの規制

住宅街においてはその環境を維持するために、高い建物を作ることが制限されています。また、木造建築については、耐久性の観点から、建築基準法によって建物の高さが制限されています。

次に斜線制限があります。斜線制限とは、通風や日照を確保するための制限のことです。

斜線制限には道路の通風や日照を確保するための「道路斜線」、隣の建物の通風や日照を確保するための「隣地斜線」、北側にある建物の通風や日照を確保するための「北側斜線」などがあります。

また、一定の規模以上の建物を建築するには、国が指定した機関による審査を受ける義務があります。国が指定した機関が適正に審査を行っているかどうかを調査するために、指定機関に対国が立入検査をすることもできます。

■ 建ぺい率と容積率

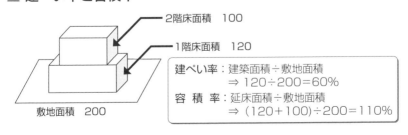

Question 18 マンションの専有部分と共用部分について、それぞれ管理を行う義務は誰が負っているのでしょうか。

Answer 原則として専有部分は各区分所有者が管理し、共用部分等は管理組合が管理します。

マンションの設備を大きく分けると、マンションの持ち主（区分所有者）が単独で利用できる各個人の部屋（専有部分という）と、エレベーター・廊下のような、そのマンションの住民すべてのための施設（共用部分という）があります。

マンションの専有部分は各区分所有者が管理し、建物の共用部分と敷地は管理組合が管理します。そこで、マンションについて専有部分にあたるのか共用部分にあたるのかの区別をつけておかないと管理者がはっきりせず、何かトラブルが起きたときに管理責任をめぐって争いになる可能性もあります。

・専有部分とは

区分所有権の目的となっているマンションの各室を専有部分といいます。専有部分といえるためには、構造上も利用上も独立性を備えていることが必要です。「構造上の独立性」とは、壁、扉、床、天井によって他の部分から遮断されていることです。「利用上の独立性」とは、その区画部分を独立して利用できるということです。

・共用部分とは

所有者が専有部分を使用するにあたって他の所有者と共同で使用しなければならない部分を共用部分といいます。共用部分には、

①玄関ホールや廊下、屋上や外壁、バルコニー、エレベーターホールなど、専有部分以外の建物の一部分、②電気設備やガスの配管、エレベーター設備、給排水設備などの付属設備といった、構造上共用せざるを得ない部分（法定共用部分）と、集会所や管理人室など、所有者同士の話し合いによって必要性が認められて共用とされる部分（規約共用部分）があります。共用部分は、区分所有者が専有部分の面積に基づく割合（持分）で共有することになります。共用部分については、所有者が共同で使用する権利がある反面、その管理について費用や労力を提供したり、持分に従って固定資産税を支払わなければならない、といった義務が存在します。

●壁の表面部分は専有部分

マンションの各室は専有部分だとしても、専有部分に壁のどこまでが含まれるのかについてはさまざまな考え方があります。

大きく、①壁の中心部分までを専有部分とする考え方、②壁や天井などで囲まれた空間を専有部分とする考え方、③壁や天井の表面までは専有部分に含まれるとする考え方があります。実務上は、③の考え方を基準とすることが多いようです。

●マンション標準管理規約での区別

共用部分と専有部分の区別について、マンション標準管理規約では、専有部分について、住戸番号を付した住戸、天井・床及び壁については躯体部分を除く部分、玄関扉については錠及び内部塗装部分と定めています（マンション標準管理規約7条）。窓枠や窓ガラスは、専有部分に含まれないと規定されていますので、マンション標準管理規約の基準に従うと、各部屋の住人は、事前に理事長の承認を得ることなく、勝手に窓ガラスの交換をすることはできないということになります。

また、共用部分については、エントランスホール、廊下、階

段、エレベーター設備、電気設備、給水設備などが示されています（マンション標準管理規約別表第2）。標準管理規約については、平成28年3月に改正が行われており、改正前の標準管理規約を参考にしている場合には改めて見直しを行うのがよいでしょう。

●専用使用権とは

共用部分は、マンションの区分所有者すべてが管理する部分です。そこで、原則として居住者個人が勝手に共用部分を利用することはできません。しかし、例外的に建物の共用部分を独占的に使用できる場合もあります。共用部分を特定の居住者だけが使用できる権利のことを専用使用権といいます。たとえば、駐車場やバルコニーなどが専用使用権の対象になります。専用使用権は、マンションの分譲のときに専用使用権を設定する旨の契約をした場合や、規約、集会などの住民同士の話し合いで専用使用権を認めた場合に発生します。

■ 壁についての専有部分と共用部分の区別

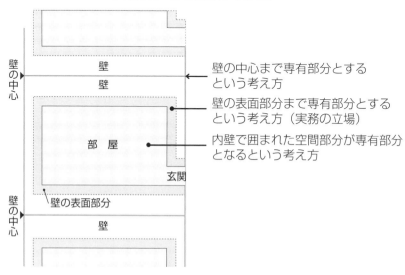

 管理規約や使用細則にはどんなことを定めるのでしょうか。

 規約の内容は区分所有者間で自由に決めることができます。

　管理規約とは、建物、敷地、付属施設の管理・使用について、区分所有者が自主的に定めたルールのことです。マンションには区分所有法をはじめとするさまざまな法律が関係しています。しかし、法律が多数存在していても、マンションで起こるすべての問題についてあらかじめ法律で規制することは不可能です。なぜなら、マンションで生活する中で生じる問題は、マンションごとで全く異なっているからです。たとえば、マンション内での騒音問題をとってもマンションの構造によって壁の防音性能が変わってくるので、マンションごとに異なる規約が必要になります。

　そこで、マンションごとに独自に規約を作る権限を認め、円滑なマンション管理と運営ができるようにしました。

●規約の効力について

　場合によっては、区分所有法と管理規約の内容が矛盾することもあります。このような場合、原則として規約は無効になります。区分所有法の中には、例外を一切認めることができない規定があるのです。たとえば、「建替え決議で必要とされる要件（区分所有者と議決権の各5分の4以上の賛成）を普通決議（過半数の賛成）でも可決できる」とする規約は無効です。

　原則として規約の内容はマンションの区分所有者で自由に決め

ることができます。たとえば、ペットの飼育を一律に禁止するといった規約を作ることもできます。

しかし、公序良俗（社会の一般常識）に反する規約を作ることはできません。たとえば、「子どもが生まれた場合はその夫婦はマンションから退去しなくてはならない」という規約は公序良俗に反するので認められません。

●使用細則とは

共用部分の管理などについて定めたルールとして、管理規約の他に使用細則と呼ばれるものがあります。マンションにおけるルールは基本的に管理規約により定められますが、管理規約では定めきれない細かいルールについては使用細則で定められます。たとえば、ペットの飼育についてのルール、駐車場・倉庫の使用方法などについて定めます。マンション内で生じる個別具体的な問題については、使用細則を用いて解決を図ります。管理規約については総会の特別決議によって定める必要がありますが、標準管理規約を利用する場合、使用細則は総会における普通決議（区分所有者と議決権の各過半数による決議）によって定めることができます。

■ 管理規約の効力

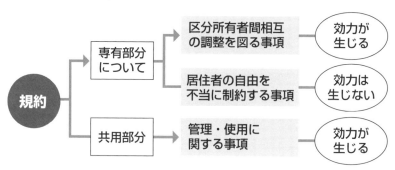

マンションの外壁の塗装など補修をした方がよいと思われる箇所があるのですが、どのように手続きを進めればよいのでしょうか。

他の区分所有者の意思も確認し、修繕後には記録を残します。

　いくらしっかりと建設されたマンションでも、時間の経過による劣化は避けられません。たとえば、外壁の塗料がはがれたり、水道管がさびて水漏れすることがあります。劣化を放置しておくと、マンションの資産価値が落ちるだけでなく、利用そのものにも支障が出てきます。そこで、マンションには定期的な修繕が必要になります。区分所有法などの法律では、「〇年経過した場合は修繕しなければならない」といった義務規定はありません。修繕は管理組合の判断で決めることになります。

　しかし、実際は、たとえば、外壁の補修は9～15年に一度という標準的な周期があります。

　管理組合の対応としては、ふだんからマンション内の巡回などを行い、壁のひび割れや、漏水などの修繕箇所を見つける必要があります。

　また、表立った欠陥がなくても、修繕が必要な場合もあります。そこで、年に一度くらいは建築士などの専門家にマンションを調べてもらうことをお勧めします。

　なお、修繕には多くの費用がかかります。そこで、修繕積立金として、通常の管理費とは別に徴収します。台風や地震などの突発的な事故で修繕金が急に必要となることもあります。

●区分所有者が自分の判断で修繕した場合にはどうなる

　専有部分の修繕については、各区分所有者が修繕費用を出します。問題となるのは、区分所有者が自分の判断で費用を出して外壁や柱といった共用部分を修繕した場合です。

　共用部分の修繕費用を出した区分所有者は、他の区分所有者（実際には管理組合）に対し、修繕にかかった費用を請求できます。請求する金額の割合ですが、規約に特別の定めがない場合は、区分所有者が持っている部屋の面積の割合に応じて請求します。つまり、広い部屋を持っている区分所有者ほど費用を多く負担することになります。

●集会決議が必要な場合もある

　修繕が必要だと思っても、調べてみると修繕の必要がない部分もあります。しかし、区分所有者個人の判断だけで必要のない修繕を行い、費用を請求されては、他の区分所有者の迷惑となります。そこで、修繕をする場合には他の区分所有者の意思を確認するために、集会を開き、「修繕を行う」との決議を行うことができます。決議は普通決議（区分所有者と議決権の各過半数）で行います。決議を行った場合、区分所有者個人の判断で修繕を行うことができなくなります。

●修繕した後に記録を残す

　修繕が終わった場合、管理組合は修繕の記録を残します。マンション標準管理規約でも、修繕などの履歴情報の整理や管理は、管理組合の業務とされています（マンション標準管理規約32条）。

　記録を作ることは、今後の修繕の参考となり、また、区分所有者に対してかかった費用を説明する際にも役立ちます。少なくとも、工事を施行した業者名、修繕した箇所、かかった費用、工事の時期は必ず記録しておくようにしましょう。

管理会社を選ぶときはどんな点に注意すればよいのでしょうか。

費用と質を確認し、総合的に判断することになります。

　管理会社とは、マンション設備の点検・管理を行う会社です。本来、管理は区分所有者が行うものですが、マンションは規模が大きく、機械の点検・修理などの専門的な知識も必要です。

　適切な管理会社を選ぶ際の注意点としては、まずは候補となる会社をいくつかピックアップした上で、それぞれに対して費用の見積書を提出してもらいます。

　次に、管理会社の管理内容を調査します。方法としては、管理会社が現在管理をしている他のマンションを聞き出し、現地へ赴いて行います。ゴミ捨て場、駐輪場、ロビーなどの共用部分の様子を確認し、管理が適切になされていれば質の良い管理会社だといえます。あくまでも、費用と質の両方を検討することが大切です。

　マンション分譲業者があらかじめ指定する管理会社の多くは分譲マンションの会社と同じ企業グループです。その立場を利用して、実費より多額の管理費を水増しして請求している場合もあるので注意が必要です。徴収費用と比べてサービスの質がよくないと感じる場合は、客観的なチェックの実施をお勧めします。チェック方法の手順の例は、次の通りです。

　まずは、国土交通省公表の「マンション標準管理委託契約書」を基準にして、現在の管理契約の内容について検討します。次に、

管理業者に対して説明を求めます。まず、前述の標準管理委託契約書より不利な部分があれば、その理由の説明を求めます。また、定められた契約の内容を履行していない場合は、その点の説明も求めます。納得のいく説明をしない業者は不誠実な業者といえるので、管理会社を変えた方が賢明でしょう。

以上のチェックの結果、管理会社の変更を決意したとしても、しばしば妨害にあうことがあります。たとえば、居住者名簿の提出を拒む消極的な妨害や、住民に対し「管理会社を変えるとマンションの資産価値が落ちる」と脅すなどの積極的な妨害があります。このような行為は、独占禁止法に抵触する「不当な取引妨害」となります。このような妨害を受けた場合は、公正取引委員会（03-3581-5471）などの公共機関に相談してみましょう。

●マンション管理適正化法への登録確認も重要

マンション管理適正化法によると、管理業者は、国土交通省が管理する登録簿に登録する必要があります。登録業者には区分所有者への説明義務がある分、未登録の業者よりは適正な管理を行うといえます。利用しようとする管理業者がマンション管理適正化法の登録業者かどうかを確認することも重要です。

■ 管理者と管理会社

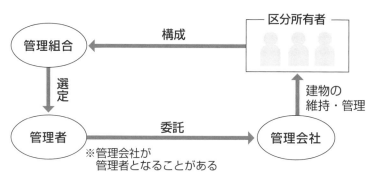

第2章

管理規約の成立と変更

 マンションの規約を作成・変更するときにはどんな点に注意すればよいのでしょうか。

 不公平な規約にならないように各マンションの事情に合わせて規定を定めます。

　マンションなどの建物はその構造や使用目的、所在地など事情が千差万別で、法律だけでは規定しきれない面があります。そこで、区分所有法では建物の使用上守るべきルール（規約）を、それぞれの事情に合わせて作ることを認めています。

　規約は、区分所有者の集会の決議によって定めますが、法律に従って規約を定めた後で一部の区分所有者が他の人に所有権を譲渡した場合、新所有者（特定承継人）は前の所有者の規約への承認も一緒に引き継いだことになります。つまり、すでに規約のある中古マンションを購入して所有者になると、否応なく規約を守らなければならなくなるわけです。

　なお、新築マンション購入の場合、管理規約を不動産業者が一方的に決めていることがありますが、区分所有者が承認していない規約については法的には何の効力もありませんから、住民間の話し合いにより自由に改正することができます。

　区分所有建物を購入する際には、規約の有無や内容を充分確認する必要があるといえるでしょう。

●マンションの規約を作るときに注意する点は

　マンションの規約とは、マンションという一つの建物や敷地を共同で所有するにあたって、所有者間で使用方法についての共通

認識を持つことによって、これを円満に維持管理しようとするものです。そこで、共有する建物や敷地、附属施設の管理・運営に関することについて、それぞれのマンションの事情に合わせて規定することができます。

　具体的には、①建物の敷地に関すること（範囲や敷地利用権の処分方法など）、②専有部分に関すること（範囲や使用目的、使用方法など）、③共用部分に関すること（範囲や持分の割合、使用方法、管理方法など）、④管理者に関すること（選任・解任の方法、権限など）、⑤管理組合に関すること（構成、運営方法など）、⑥集会の運営（招集方法、議事進行方法など）、⑦維持管理にかかる費用について（共用部分の管理費、建物修繕費の積立、金銭出納事務など）、⑧義務違反者への罰則、などが挙げられます。

　ただ、区分所有者以外の人の権利を害するような内容の規定（たとえば、マンションの敷地を通らなければ公道に出ることができない隣地の居住者を含めて、所有者以外の敷地内の通行を禁止するなど）を作ったり、一般的に見て区分所有者の共同の利益に何ら影響を与えないにもかかわらず、所有者個人の権利を制限するような取り決め（専有部分の譲渡や賃貸借を禁止するなど）をすることはできません。その点では注意が必要です。

■ 規約で定めることができる事項と規約作成上の注意点

規約で定めることができること	規約作成上の注意点
・建物・敷地に関すること ・専有部分・共用部分に関すること ・管理者に関すること ・管理組合に関すること ・集会の運営に関すること 　　　　　　　　　　　　など	・区分所有者以外の者の権利を害することはできない ・区分所有者間の利害の衡平に配慮した規約を作成しなければならない ・区分所有者全員の利益にならない不当な権利の制限は認められない

もともとペットが禁止されていなかったマンションで、買主のマナーが悪いなどの事情から、新たにペット禁止規約を新設することは可能なのでしょうか。

盲導犬を必要とする人の承諾が必要ですが、原則、ペット禁止規約を新設できます。

　区分所有法31条1項では、規約改正について、一部の区分所有者（住民）に特別の影響を与えるときは、その人の承諾を得る必要があるとしています。したがって、後からペット禁止規約を作成することは可能ですが、「ペット禁止によって特別の影響があるとき」には、その人の同意を得る必要があります。原則として盲導犬のようにその人の生活に不可欠なものになっている場合が該当します。

　次に、「ペット禁止」とする規約の内容についてですが、このような規約を設けることは、規約として有効です。なぜなら、動物嫌いの人はもちろん、ペットの糞の悪臭や、鳴き声による騒音などから、ペットの存在によって「静かに安心して暮らす」という他の住民の利益が害される危険が高いからです。とくに居住専用マンションでは、この「静かに安心して暮らす」住民の権利は尊重されます。ペット飼育禁止規定に対して、飼い主側が裁判を起こすケースも多いのですが、ほとんどの判例が、ペット飼育禁止規定の有効性を肯定し、規約改正にあたり動物の飼育者の同意は不要としています（東京高等裁判所平成6年8月4日の判決など）。

　しかし、一律に「ペット禁止」の規約を作り、今飼っている

ペットをすぐに飼い主に捨てさせることは、今後の住民感情を考えると避けるべきだといえます。たとえば、規約を改正しても規約が効果を発生するまで一定の猶予期間を設けて、飼い主の住民にペットの新しい飼い主を捜させる方法をとるなど、飼い主にも一定の配慮をすることが望まれます。

また、ペットを飼っている住民からの要望で、ペットの飼育そのものについては認めるという場合には、トラブル防止のためにペット飼育を認めるための条件を細かく定めておくことが必要です。「ペット飼育を認めるための条件」とは、飼育を許可する動物の種類や数、マンション内の衛生面を守るために飼い主が講じるべき措置のことをいいます。たとえば、「ペットを飼う場合には、ペットの出す糞尿は飼い主の責任で処理すること」といった条項を管理規約の中に設けておけば、ペットの飼育に対する住民の理解を得ることができます。

さらに、「規約に反する行為をしたペットの飼い主にはペットの飼育を許可しない」といった条項も設けておくとよいでしょう。ペット飼育のための条件を設けても、それに違反した場合の罰則がなければ条件が遵守されない可能性があります。規約に反した場合に罰則規定を必ず設けておきましょう。

■ **ペット禁止規約の新設**

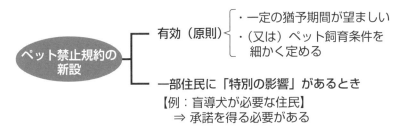

営業目的の使用を禁止する規約がある場合に、また貸しの借主に対しても規約により、居室での営業を禁止することができるのでしょうか。

賃借人も管理規約を守らなければならず、営業禁止規約の効力が及びます。

　区分所有法30条では、建物や敷地などの管理や使用について、規約で定めることを認めています。そして、建物には、当然各居住者の部屋も含まれますから、規約で用途についても制限できます。

　ただ、所有者は部屋を自由に使えるのが原則ですから、制限する場合は、他の人の権利を害する恐れがあるので注意が必要です。たとえば、「居住専用」マンションである場合には、居住する人は静かで安全な環境を求めていると考えられます。営業による騒音は居住の場合より大きいのが通常ですし、不特定多数の客の出入りによりマンション内の安全な環境を害しているといえますから、営業禁止規約は有効です。

　また、居室がまた貸しされた場合に、賃借人にも規約が及ぶかについては、区分所有法46条2項で占有者は所有者と同じ義務を負うと定められています。「占有者」とは、「部屋を使っている人」のことで、賃借人も含まれます。

　そこで、管理組合側は、居室について、また貸しにより借りた賃借人に対しても、営業禁止規約を根拠に、居室で営業を営む行為を禁止することができます。そして、すでに経営している場合には、営業を停止するように請求することができます。

マンションの駐車場の使用料の金額は、管理組合が自由に決定してよいのでしょうか。

管理組合が自由に決定できますが、低く設定し過ぎるとトラブルの原因になります。

　原則として、駐車場の料金は管理組合が自由に決定できます。マンションの住民は安い料金を望むことが多いでしょうが、管理組合側として、あまり低い料金を設定するとトラブルが生じる可能性がありますので注意が必要です。たとえば、駐車場の数が足りない場合、マンションの駐車場の料金が低すぎると割高の付近の駐車場を利用せざるを得なくなる住民が不公平感をもちます。

　駐車場の利用料を決定するときには、付近の同種の駐車場料金と比較し、利便性の差異も加味して料金を決定するようにしましょう（マンション標準管理規約15条関連⑧コメント）。

　また、機械式の駐車場の場合、敷地の広さ以上に、多くの駐車可能台数を確保できるという特徴がありますが、平置き式等の駐車場に比べて、維持管理コストも割高になってしまうため、料金設定には慎重さが求められます。さらに、駐車場の2階や地下が駐車スペースとして割り当てられた人は、1階が駐車スペースとして割り当てられた人に比べて車の出し入れに時間がかかります。車の出し入れに時間がかかる箇所を駐車スペースとして割り当てられている住民の駐車場の料金は低くするなど、利便性や機能性などに応じて柔軟な料金設定を行うのもよい方法のひとつです（マンション標準管理規約15条関連⑧コメント）。

駐車スペースの数が足りない場合や逆に余る場合、どんな点に注意すればよいのでしょうか。

マンション住民の利用を優先し、外部の者に貸し出す場合は税制上の扱いに注意が必要です。

　駐車場の割当について、居住者の納得を得るには、まず駐車場の利用者を公平に決めることが重要です。利用者の決定では、マンションを購入した立場である組合員が優先使用権を持つとするのが公平です。なぜなら、マンションの設備は購入者の代金から理論上最初に賄われているからです。ただ、組合員が現在マンションに住んでいないこともありますので、「当該マンションに居住している組合員」を第１順位とすべきです。そして、組合員の家族を第２順位としましょう。賃借人については、駐車場利用の必要性は分譲者と同じですが、マンションの設備への資金貢献度が、最初に全額資金を払った分譲者（組合人）より低いので、第３順位としてもよいでしょう。利用者多数の場合は、抽選が無難です。

　次に、居住者が納得できるために、使用方法についても決めておく必要があります。たとえば、規約で「管理組合に無断で第三者に駐車場を貸与することを禁止する」と決めておきます。そして、また貸しを防ぐために、駐車場の利用期間を短くします。更新時に利用資格のチェックにつながるからです。また、定期的に車検証の提示を求め、所有者の住所や車の使用の本拠の位置が、きちんとマンションの場所になっているかを確認することも有効

です。

●駐車スペースが余る場合

　駐車場の利用については、基本的にマンションの住民が駐車場を利用することを想定し、また、マンションの住戸数に比べて、駐車場のスペースが不足しており、駐車場の空きを待つ利用希望者が多いという状況を前提としています。マンション標準管理規約もこの状況を念頭に置いて規定を置いていますが、マンション住民以外の者が駐車場を使用すること自体は制限されていません。むしろ近時は、駐車場の需要が減少し、駐車場の区画に空きが生じているマンションも少なくありません。

　この場合、マンションの住民以外の者も、使用料を支払うことで、駐車場を利用することができます。もっとも、住民が支払う使用料は、駐車場の管理費用に充てられる他、修繕積立金として扱われます。しかし、使用料を徴収して駐車場を利用させる事業が、収益事業と判断される場合には、駐車場事業に関して、税務上法人税が課税される場合があるなど、外部者が支払った使用料については扱いが異なる場合がありますので、注意が必要です。

■ 駐車スペースが足りない場合と余る場合の注意点

●駐車スペースが不足する場合

① 公平な利用者の決定 ⇒ 管理組合員を優先するべき
② 使用方法に関する取り決め ⇒ とくに「また貸し」の防止が重要

●駐車スペースが余る場合

マンションの住民以外に、使用料を徴収して貸し出すことが可能
⇒ 税制上取扱いが異なる場合があることに注意が必要

管理規約の変更を検討しているのですが、変更手続きはどのように進めればよいのでしょうか。

総会で区分所有者と議決権の各4分の3以上の賛成を得ることが必要です。

　管理規約は、マンションの実態に合うように、管理組合の総会で自由に変更することができます。ただし、区分所有法に違反するような形での規約の変更はできません。

　実際に規約を変更する場合、総会を開催して、区分所有者の頭数の4分の3以上、かつ議決権の4分の3以上の賛成を得る必要があります。なお、議決権は規約に別段の定めがない限り、区分所有者の専有面積の割合に応じて決められます。住戸の価値に大きな差がある場合は、住戸の価値の違いに基づいて議決権を決める方がよい場合もあります（マンション標準管理規約46条関連コメント③）。マンション管理規約の内容は、そのマンションの実情に合ったものである必要があります。そのため、まずはマンションで生じる可能性のある問題を洗い出します。その上で、どのような規定であればマンションでの問題に対応できるか検討を重ねます。検討の結果、マンション管理規約の原案が完成したら、その原案を総会に提出します。総会では、原案の内容を審議し、審議の後に議決を行います。そこで一定の賛成数が得られれば、新しいマンション管理規約が成立します。完成したマンション管理規約は、マンションの所有者全員に配布して、規約の内容を周知徹底するようにしましょう。

他の用途での使用が認められていたマンションで、住宅専用に限定する規約の変更は認められるのでしょうか。

長期間営業所にならず、住民が住宅専用に同意している場合には変更可能です。

　マンションには、大きく分けて、住宅専用、営業可能、住居との併用の場合のみ営業使用可能というタイプがあります。

　居室について居住目的以外の使用が認められていたマンションで、他用途の使用を全面的に禁止したいと考えた場合には規約の変更を検討することになります。規約の変更が認められるかどうかはケースによって異なりますが、同じようなケースが問題となった判例から判断すると、長い間営業所として使う人がいないという状況で、住民は住宅専用マンションの環境を黙認しているか又は望んでいるという場合には、居室以外の使用を禁ずる規約に変更しても不合理ではなく有効と扱われるようです（東京地裁判決・昭和63年11月28日など）。

　もっとも、住宅専用といえるのか否かについて、判断が難しい場合もあります。住宅専用として用いている状態とは、一般に、居住者の生活の本拠として、マンションを使用しているのか否かによって判断されると考えられています。

　とくに、住宅としてではなく、営業のために使用していると判断される場合とは、使用態様において、規模や出入りする人数の多さ、営業時間、周囲の環境等を考慮すると、他の居住者の生活の平穏に影響するような使用態様を指します。

広告塔の設置を認めていた管理規約を変更して、設置を禁止することは可能なのでしょうか。

景観も重要な要素であるため、広告塔設置の規約を変えることは可能です。

マンションの規約で広告塔の設置を認めていることがあります。広告塔の設置によって、マンションの分譲業者が広告料という収入を得られることもあり、マンション購入契約書で「管理組合は売主に対して屋上の広告搭設置を永久無償で認めなければならない」と広告塔の設置を管理組合側が拒めない条項が記載されていることもあります。ただ、住民の大半がそのような規定を知らないことも多く、景観上、広告塔の設置に反対するケースもあります。そのような場合、景観も住民にとって必要な要素である以上、住民の合意によって、広告塔設置の規約を変えることは可能です。たとえ分譲時に、売買契約書等や管理規約などで、事業主に対して広告塔の無償使用を認めていても、少なくとも、一定程度の期間が経過した後は、事業者は広告塔の使用を終了するか、使用料を支払う契約に変更する等の対応が必要になります。

判例（東京地裁昭和54年4月10日判決）には、「他の区分所有者に対する影響が少ない」として、広告塔設置を有効としたものもあります。ただ、規約を変更するには、区分所有法31条で、区分所有者と議決権の各4分の3以上（区分所有者の頭数の4分の3以上、かつ議決権の4分の3以上）の多数による集会の決議が必要です。

 マンションの隣人宅から、深夜にギターの練習による騒音がひどく迷惑していますが、何らかの対応をとることは可能でしょうか。

 管理組合を通して働きかけたり、区分所有法等に基づき停止請求が可能です。

　管理規約に楽器使用についての規則が定められている場合、その規則に反する居住者に対しては、管理組合が、貼り紙などで注意を呼びかけたり、管理組合が間に入って話し合いの場を設定する場合もあります。

　また、区分所有法57条に定められている区分所有者の共同の利益に反する行為に対しての停止請求も可能です。

　騒音に対する感じ方は、人によって差があります。発生する生活騒音も世帯によりさまざまです。そのため、一律に規制をするのは難しいのが実情です。

　しかし、我慢可能な限界点（受忍限度）を超えていると判断される場合には、民法上の不法行為が成立します。そのため、民法に基づいて、楽器演奏の禁止と、損害賠償を請求することも可能です。

　現時点で管理規約に、楽器演奏についての規定がない場合には、規約を改正するように働きかけ、規約に室内での楽器演奏を禁じる規定を盛り込むのがよいでしょう。また、楽器の演奏を許可する条件について細部まで明確にしておくことも必要です。なお、管理規約の変更には、区分所有者と議決権の各4分の3以上の特別多数の賛成が必要です。

専用使用権が認められている駐車場の料金をめぐり、一部住民の不満が募っているため、料金の値上げや専用駐車場を廃止することは可能でしょうか。

必要に応じて専用駐車場の利用者の同意を得て、値上げや廃止が可能です。

　公共交通機関が遠い場所にあるマンション分譲の場合、駐車場の有無が生活環境に大きく関わります。そこで、駐車場を確保するために、マンション業者が買主と「専用駐車場使用契約」を結んで、買主が駐車場使用料金をマンション代金別に払う場合がよくあります。判例はこのような「専用駐車場使用契約」は有効に成立しているとしています（最高裁判所平成10年10月22日判決）。もっとも、マンション住民に駐車場の使用を認める法形式としては、賃貸方式の他、マンション分譲の際に別途駐車場専用使用権を分譲する方式（分譲方式）などがあります。とくに分譲方式等は、使用料につき、そもそも無償や低額に設定されるなど、他の住民が不満を持ちトラブルの原因になることもあります。

　区分所有法には、専用使用権についての規定はないため、専用使用権の内容は、マンション住民で決める規約で定めることになります（区分所有法30条1項）。規約の変更は、区分所有者と議決権の各4分の3以上の賛成による特別決議が必要です。

　また、規約改正により一部の区分所有者に「特別の影響」がある場合は、影響を受ける人の同意がなければ規約が変更できません。この場合の「特別の影響」とは、判例によると、規約変更の合理性や必要性と、影響を受ける者の不利益を比較して、不利益

が我慢できないほど高い場合とされています。

　専用駐車場の利用料金の値上げを検討する場合、値上げ幅が不合理に大きいものでなければ問題は生じにくいのですが、値上げ幅をかなり大きくする場合、使用料を支払っている専用駐車場使用者に「特別の影響」があるといえます。その場合には、専用駐車場使用者にマンションの駐車場問題を説明して、駐車場料金の値上げに対する承諾をとりつける必要があります。

　また、専用駐車場そのものを廃止する場合には、専用駐車場使用者に与える影響が大きいので、「特別の影響」があるといえます。その場合には、現時点でマンションの専用駐車場を利用している者に対して他のマンションの住民が一定の金銭を支払うなどの配慮をして、専用駐車場廃止に対する同意を得る必要があります。

　なお、駐車場使用契約に使用期間を設け、定期的に入替えをすることで、住民の公平性を保つという方法もあります（マンション標準管理規約15条関連コメント⑦）。

■ **専用駐車場の使用料の値上げや廃止**

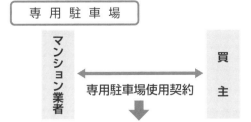

マンションの管理規約に関して、使用細則に違反する住民がいた場合に、強制的に規約を守ってもらう方法はないのでしょうか。

管理組合等が違反行為の改善を請求し、なお改善されない場合は訴訟を提起できます。

　分譲マンションの使用については、管理組合の集会などでそれぞれのマンションの事情に応じて規約や細則を作ることができます。すでに規約ができているマンションの区分所有者となった人は、前所有者の承認を引き継いだことになりますので、否応なく規約に拘束されます。また、規約などに定めていなくても、住民全体の共同の利益に反するような行為は区分所有法によって禁止されています。

　規約や法に違反する行為をする区分所有者に対しては、まず管理組合などが口頭・文書などで違反行為の改善を請求します。文書で違反行為の改善を請求する場合、内容証明郵便を用いるのが一般的です。なお改善が見られなければ、訴訟を提起できます。

　また、違反行為により他の区分所有者が生活上多大な被害を被り、かつ違反の改善を要求するだけでは問題が解決しない場合は、該当する区分所有者の専有部分を相当期間、使用禁止にする訴訟を起こすことができます。さらに、専有部分を競売（多数の者に競争で値をつけさせて最高値をつけた者に売却すること）するように請求する訴訟を起こすことができます。使用禁止や競売を求める訴訟を起こす場合は、集会を開いて区分所有者と議決権の4分の3以上の賛成を得ることなどが必要になります。

管理組合が連絡用に設置している掲示板を住民が他の用途で勝手に使用している場合、規約等によって利用を制限することは可能でしょうか。

規約により利用を制限できますが、細かい規制は使用細則で定めるとよいでしょう。

　区分所有法30条1項では、マンションの建物や附属施設の使用について、規約を定めることを認めています。マンションの掲示板も「附属施設」といえますから使用方法を規約で定めることができます。

　ただ、規約を改正するには区分所有者と議決権のそれぞれ4分の3以上（区分所有法31条）の賛成が必要ですから、掲示板の使用をあまりに細かく定めてしまうと、用途を制限する場合にも、規約の改正が必要になってしまい、手間がかさんでしまいます。

　そこで、大まかな内容の規制（たとえば、管理組合に無断で使用することの禁止）は規約で定め、その他の細かい規制は、使用細則で定めるとよいでしょう。使用細則であれば、通常の決議である過半数の住民の賛成だけで変えることができ、トラブルが発生したとしても柔軟な対応ができます。

　なお、規約に「軽微な事項は理事会だけで決定できる」とあれば、理事会限りで「内規」のような形式で決めておいてもかまいません。ただ、いきなり理事会だけで掲示板の使用を制限すると、住民の感情的な対立を生む恐れもあります。そこで、掲示板の使用についてあらかじめ、住民の意見を聞いた上で決めるとよいでしょう。

 業者が無断でマンションの掲示板に貼ってしまった広告等を、管理組合が剥がすことは法的に何らかの問題が生じてしまうのでしょうか。

 管理組合は業者に掲示物の撤去を求め、応じない場合は組合が撤去できます。

　区分所有法6条は、区分所有者の共同の利益に反する行為を禁じる規定を設けています。

　たとえば住人自身が掲示板を使用する場合でも、無断使用は共同の利益に反します。管理規約にも掲示板の使用を制限する規定が設けられているのが一般的です。

　住人が無許可で使用できないものを、外部の業者が無断で広告等を貼るなどの行為が許されるはずがありません。

　業者が無断で掲示板を利用する行為は、マンション住人の共同所有権を侵害しています。共同所有権を守るために、管理組合は、業者に対して掲示物の撤去を求めることができます。それに応じない場合は組合側で撤去してもかまいません。

　万一撤去する時に掲示物が破れてしまったとしても、勧告時にその可能性を伝えておけば大丈夫です。組合の管理者（理事長）は、組合員を代表して、広告を撤去できます。

　また、共同所有権の侵害によって生じた損害も、業者に賠償させることができます。また、悪質な業者は、住居侵入罪として、刑事罰の対象にもなり得ます。そのことを伝えて、今後このような行為を繰り返さないように、業者側に求めることが必要になります。

第3章

総会の準備・進行の仕方

 総会を招集するためには、どんな手続きが必要になるのでしょうか。

 管理組合は組合員に総会開催の通知を行い、総会議案書を作成する必要があります。

　総会（区分所有法上の用語では集会）を開催する場合、出席者は総会のための準備を行います。そのため、総会の開催が決定した場合には、そのことをマンションの所有者に対して通知します。

　法律では、総会開催日の1週間前までに通知することが要求されています。ただし、規約で定めれば法律よりも規約の方が優先されます。たとえば、「総会開催日の5日前までに通知を行う」と規約で定められていれば、法律の規定とは関係なく5日前までに総会開催の通知を行えば、総会は問題なく開催できます。もっとも、現実的に出席者の総会への準備が必要なことを考慮すると、早期に組合員に対して通知を行う必要があります。

　そこで、マンション標準管理規約では、総会を招集するにあたり、少なくとも会議を開く日の2週間前までに、会議の日時・場所及び目的を示して、組合員に通知を発しなければならないと規定されています。なお、総会を招集する目的が、マンションの建替え決議、又は、マンション敷地売却決議であるときは、総会開催の2か月前までに、通知を行う必要があります。

　そして管理組合側は、出席者を的確に把握する必要があります。総会において出席とみなされる形態には、直接組合員が総会に出席する場合以外にも、議決権行使書を提出している場合の他、組

合員が代理人を立てるために委任状を提出している場合があります。これに対して、欠席の通知があった場合の他、組合員が出欠の返答を行わないがない場合には、欠席扱いになります。

また、総会の開催は、管理組合側からばかりではなく、組合員側が請求を行うことで、開催請求を行うことも可能です。組合員総数の5分の1以上及び議決権総数の5分の1以上に相当する組合員が同意をした場合に、会議の目的を示して、管理組合側に総会の招集を請求することができます。この場合、理事長は、原則として2週間以内に、請求があった日から4週間以内に臨時総会の招集の通知を、組合員に対して発送しなければなりません。

● **総会議案書をしっかり作成する**

総会議案書とは、総会で話し合う予定の事柄、総会の開催日時、総会開催の場所などを記載した書面です。この他にも、総会議案書には総会に必要な資料を添付します。

また、共用部分の変更など一定の事項を議案とする場合には、その議案の要領を通知することが必要です。そのため、総会議案書には事前の通知が必要な議案の要領も記載します。たとえば、総会開催の目的が、建替え決議やマンション敷地売却決議である場合に、議案の要領を通知する必要があります。

また、マンション標準管理規約によると、総会招集の目的が、マンションの建替え決議である場合には、議案の要領の他に、①建替えが必要な理由、②建替えを行わない場合に、マンションの効用を維持するために必要になる費用の具体的な内訳等、③建物の修繕計画の内容、④修繕積立金として積み立てられている金額について、組合員に通知しなければなりません。同様に、総会開催の目的が、マンション敷地売却決議である場合にも、売却を必要とする理由等について、議案に添付しなければなりません。

総会当日の手続きの流れを教えてください。

定足数を確認の上、議案を審理し採決します。

　総会当日は、まず管理組合の理事長が総会の開会を宣言することで、総会が始まります。次に、総会の議長を決定します。通常は、理事長がそのまま総会の議長になるのですが、何らかの事情があって理事長が議長として適切でない場合には、その場で別の人を議長として選任します。議長の選任が終わると、定足数（総会を開催するために必要な出席者数のこと）の確認を行います。定足数は、法律で定められているわけではありませんが、標準管理規約では議決権総数の半数以上の組合員が出席することが要求されています。標準管理規約で記載されているように総会を開催するための定足数を規約で定めた場合には、定足数を満たすだけの出席者数がいなければ、総会での決議を行うことができません。定足数の確認が終わると、いよいよ議案の審理を行います。各議案について管理組合の理事から参加者に説明を行い、それに対する質疑応答を受けます。迅速に審理を行うために必要な場合には、議案ごとに質疑応答の時間を区切ります。

　審理の終結後に採決をします。採決は、議案ごとに行います。普通決議事項と特別決議事項（23ページ）では、議案を承認するために必要な賛成の数が異なるので注意が必要です。

　最後に、理事長が総会の閉会を宣言して、総会が終了します。

総会での議決権数は1人1議決権なのでしょうか。

基本的に一住戸に一議決権ですが、住戸の価値に応じて定めることも可能です。

　規約に定めがなければ、原則として、マンションの所有者は床面積に応じて議決権をもちます。そのため、床面積が広い人の方が多くの議決権をもつことになります。ただし、議決権の定め方については規約で変更することが可能です。マンション標準管理規約においても、基本的には「一戸につき一つの議決権とする」という考え方を念頭に置いているものと考えられます。もっとも、このような議決権割合の設定方法は、マンションの住戸の質が比較的均等である場合には、問題が生じることは少ないといえます。しかし、高層階と低層階との間に、眺望等の違いにより住戸の価値に、あまりにも大きな差が出る場合もあります。

　そこで、新築のマンションの議決権割合について、住戸の価値に大きな差がある場合において、機械的に共用部分の持分の割合に応じて議決権を定めるのではなく、別の選択肢もマンション標準管理規約では否定されていません。つまり、眺望や日照に差が生じる原因である専有部分の階数や方角等を考慮して、いわば住戸の価値の違いに基づいて、議決権の割合を定めることも可能だということです。もっとも、住戸の価値に基づく議決権の割合とは、専有部分の大きさや立地等を考慮するもので、住戸の内装や設備等の差を考慮して定めるものではありません。

総会に出席できないのですが、代理人に出席してもらうことも可能でしょうか。

委任状の作成・交付により、代理人に議決権を行使してもらうことも可能です。

　総会の開催が決定したとしても、何らかの事情で総会に出席できない人がいます。そのような人は代理人を立てて、代理人に委任状を渡します。委任状を渡すことで、委任状を渡された人は委任状を渡した人の議決権を行使することができます。そのため、委任状を渡した人は、委任状を通じて総会に出席していることになります。

　ただし、委任状が理事長に集まっている場合には注意が必要です。総会に出席できない場合、「理事長に一任する」という内容の委任状を理事長に渡してしまうと、理事長は自分の考えの通りに決議を行うことができる可能性があります。仮に、理事長が委任状を利用して自分の考えの通りに決議を行うと、組合員の意向が総会に反映されないことになります。そのため、不必要に委任状が理事長に集まらないように注意することが必要です。

　マンション標準管理規約では、組合員の意思が、正確に総会に適切に反映されるように、代理人の範囲について、規約で定める場合の規定例が示されています。これによると、①当該組合員の配偶者（事実上の婚姻関係にある場合も含みます）又は一親等の親族、②その組合員の住戸に同居する親族、③別の管理組合員が、代理人になることができます。

「集会には代理人に出席してもらう」という居住者がいるのですが、外部者の参加を防止する方法はあるのでしょうか。

規約に規定があれば外部者の出席を制限することも可能です。

　集会の参加者について、マンション内部の人間だけに限り、弁護士などが参加するのを防ぎたいと考えることもあります。
　集会に代理人や補助者が出席することについては、区分所有法に明文はなく、あらかじめ規約で「集会に出席できる代理人・補助者は組合員に限る」と決めておいた場合、弁護士の出席を制限することができます。なお、国土交通省のマンション標準管理規約では、代理人を、その組合員の配偶者又は一親等の親族などに限定する旨を定めています（46条）。
　一方、代理人の出席を制限する規定がない場合、そのために集会の決議を得て規約を変更するのも難しいでしょうから、あらかじめ弁護士同伴の住民が集会でどのような主張・質問するかを予想し、対策を立てておきましょう。あえて専門家を代理人に立てるのですから、何らかのトラブルについての意見やマンションの重要事項についての意見を主張する可能性もあります。弁護士を同伴させるような出来事について心当たりがある場合には、マンション側（管理組合側）として客観的な証拠を確保・準備しておくようにします。管理組合側も弁護士や、区分所有法に詳しいマンション管理士、宅建主任者などの専門家のアドバイスを受けて、反論などを考えておきましょう。

第3章 ● 総会の準備・進行の仕方　71

 **マンション管理組合の総会議事録を作成する上で注意すべき事柄はどんな点なのでしょうか。**

 議案の発議や審議内容や表決方法を経過がわかるように記載する必要があります。

　区分所有法42条1項では、集会の議事録の作成を義務付けています。しかし、議事録の中身については2項で「議事の経過の要領とその結果を記載する」としか書いておらず、具体的中身については解釈で判断することになります。一般的な解釈では「議事の経過」とは、開会から閉会までの議案の発議、審議内容、表決方法を、経過がわかる程度に要約したもののこと、「結果」とは表決の結果のことです。なお、総会議事録を作成する義務を負っているのが、総会の議長です。

　なお、総会での説明が、事前に組合員に配った文書の通りという場合には、「組合人に事前配布した文書と同じ」と議事録に記載するだけでもかまいません。ただ、その場合は議事録と一緒に、事前に配布した文書も保存するようにしましょう。この場合、議事録と文書は一体の物として扱われます。理事などの信頼できる組合員が議事録と文書に割印（2枚の書面にまたがるように押す印）を押せば、文書の一体性がと公正さが高まります。

　議事録の完成後には、議長と総会に参加した区分所有者のうち2人の署名・押印が必要になります（区分所有法42条3項）。出席組合員としての署名押印が必要とされている場合、本来は、署名押印を行う者は理事などの役員である必要はありません。しか

し、実際には、役員が署名・押印しています。議長を務めなかった理事長は、出席組合員として署名押印することはできます。なお、議事録の作成時期については法律上明文の定めはありませんが、平成17年に東京都都市整備局により策定された管理ガイドラインには、「総会の終了後早期に作成すべき」と記載されています。総会議事録は大変重要なものですので、作成を怠ったり、本来記載すべき事実を記載してはならず、あるいは、事実に反する記載をした場合は、20万円以下の過料に処されますので、注意が必要です。

　区分所有法は規約に関して「管理者が保管しなければならない」としており、議事録についても、同様に準用すると定めています（42条、33条）。標準管理規約に依拠している多くのマンションでは理事長を区分所有法上の管理者としていますから、理事長が議事録の保管義務を負っていることになります（ただし、議事録の保管期間については区分所有法には規定がありません）。

■ 通常総会議事録サンプル

○○マンション管理組合第○会通常総会議事録

〈開催日時、開催場所、出席者、議決権数につき、省略〉

議事の経過の概要

　理事長○○○○は、組合員総数、議決権総数、出席数及び議決権数について報告を行い、本総会が適法に成立した旨を述べ、議案の審議に入った。

第1号議案　　平成○年度事業報告の件

　議長より平成24年度（第1期）の事業報告を行ない、監事○○○○より理事の業務執行の妥当性について報告がなされた。議長は、その賛否について議場に諮ったところ、異議なく満場一致で承認可決した。

第2号議案　　管理委託契約締結に関する報告の件

〈以下省略〉

総会の出席率が低く決議を得るのが難しいことを理由に、総会で決議に必要な賛成の人数を減らすことは可能でしょうか。

住民の非常に重大な事柄を扱う特別決議を普通決議にすることはできません。

　区分所有法では、マンション住民の生活に大きな影響がある、規約の設定・変更・廃止、管理組合の法人化、建替えなどについては区分所有者と議決権の各4分の3以上の多数や5分の4以上の多数の賛成を必要とする特別決議を必要としています。

　総会への組合員の出席率が非常に悪化している中で、特別決議が必要な事項について、規約により普通決議にできるかについてですが、住民にとって重大な影響のある事項は、より多数の賛成を必要とする区分所有法の目的から考えると不可能です。

　たとえば、過半数の決議だけでマンション建替えが認められてしまっては、最大49％の人が納得していないにもかかわらず、建替えが実行されてしまうことになってしまいます。一般的に区分所有法は、規約で定めてもよい事項については、「規約で別段の定めをすることができる」と、明記しており、別段の定めが可能であると明記されていない場合は、規約によっても区分所有法に規定されている事項について、これを変えることはできません。

　以上より、特別決議を普通決議にすることはできません。あらかじめ住民に出席できる日程をアンケートで聞いておいたり、委任状の提出を呼びかけたりするなどして、出席率を確保するべく努力を続ける必要があります。

実際にマンションに住んでいない区分所有者に対して、どのように総会の招集通知を出せばよいのでしょうか。

定期的に住所確認を行うとともに、「掲示による通知」を利用することもできます。

　総会（集会）の招集通知については、少なくとも1週間前（マンション標準管理規約では2週間前）に各区分所有者に発しなければならないのが原則ですが、組合員が送付先を指定しなかった場合、管理組合は、その組合員が所有するマンションの部屋を宛先に送付すれば、組合員に送付したことになります（区分所有法35条）。しかし、組合員が実際にはマンションに住んでいない場合などは、組合員が読まない招集通知をいちいち送付することになって手間がかかるだけです。そこで、35条4項で認められている「掲示による通知」を利用することをお勧めします。35条4項は、規約に定めれば、建物内の見やすい場所に招集通知を掲示すれば掲示をした時に招集通知が組合員に到達したものと定めています。

　ただ、掲示板による方法を多用すると、建替え決議など組合員に多くの出費を求める場合に、マンションに実際に住んでいないために掲示を見る機会のない組合員から「話を聞いていない」と言われ、トラブルのもとになります。そこで、不動産・管理業者と連携して、定期的に組合員の住所確認を行うことを怠らないようにしましょう。なお、平成17年に東京都都市整備局により策定された管理ガイドラインには、「集会の開催日時はルール化しておくことが望ましい」と記載されています。

 招集通知に記載した議題の他に、決議すべき事項が生じた場合に、改めて通知を行わなくても決議を行うことは可能でしょうか。

 原則として通知の記載事項以外の決議はできず、追加の通知を送付しましょう。

　総会においては、区分所有法によると、原則としてあらかじめ通知した事項についてのみ決議を行うことができる、と規定されています。そこで、後に議題が増えることを見越して、「その他の議題」とあらかじめ記載しておくことが考えられます。しかし、通知の際には、その性質上決議すべき事項（議題）を具体的に提示することが求められていますので、「その他の議題」という記載はすべきではなく、法的にも原則として無効になります。したがって、通知漏れの議題について決議するためには、決められた期日（法律上は会日の最低1週間前）までに、改めて追加の通知を送付するようにしましょう。

　なお、普通決議で行う議題については、規約に別段の定めがあれば事前の通知なしに決議することができるとされています。また、区分所有者全員が同意している場合には、招集の手続きなしに開かれた総会であっても、事前通知なくして決議をすることが可能です。ただし、規約の変更やマンションの建替えといった法律上特別の決議を必要とする議題については、事前の通知が義務付けられています。とくに、建替えや敷地売却の決議の場合、少なくとも2か月前に招集通知を発するようにしましょう（マンション標準管理規約43条）。

専有部分を数人で共有している場合には、総会における議決権の数はどのように扱われるのでしょうか。

専有部分の所有権は1つなので、総会における議決権も1つとして扱われます。

　総会の決議では、区分所有者の数及び議決権の数が問題になります。まず、区分所有者の数についてですが、法律上、1つの専有部分を複数の人が共有している場合の区分所有者数を明確に規定している条文はありません。しかし、1つの専有部分に対する所有権は1つであり、所有者が何人いるとしても1人ひとりは所有権を構成する1つの要素にすぎません。このため、総会では共有者全員で一区分所有者として扱うべきであると考えられています。したがって、複数人で専有部分を共有していても、区分所有者の数は1ということになります。

　次に議決権については規約に別段の定めがない限り、専有部分の床面積の割合によってその数が決められています。たとえば、マンション内各室の専有部分がすべて同じ床面積の部屋ばかりである場合、2室を所有する区分所有者には、2つの議決権が与えられる、ということです。専有部分を数人で共有する場合は、共有者間で議決権を行使する者を1人決めなければなりません。代表者は、共有者間で話し合いが成立すればどのような決め方をしてもかまいませんが、決められない場合は民法の規定に従い、持分の価格の過半数によって決定します。複数共有者の間で議決権を行使する者を決めておく必要があります。

理事長が総会に出席せず、退任手続きも行っていない場合に、理事長は退任したものと扱うことができるのでしょうか。

理事長を退任させるためには、住民が集会の招集を請求する必要があります。

　結論から言うと、退任手続きを行っていないにもかかわらず、理事長が総会に出席しない場合であっても、理事長は退任したことになりません。そこで、もし理事長が、「理事長解任は無効だ」と裁判を起こした場合、住民側が不利になってしまいます。

　特段の事情がない限り、理事長は管理者とみなされるので、理事長の解任は集会の普通決議が必要です（区分所有法25条）。なぜなら、理事長は居住者の代表者としてマンション管理について重要な役割を担っていますので、その解任には集会で居住者の意見を聞かなくてはならないからです。

　しかし、集会を開く権限は通常は理事長が持っていることがほとんどです。理事長が自分をクビにするための集会を開催するのは考えにくいことです。

●**住民が集会の招集を請求できる**

　そこで、区分所有法34条3項、4項では、一定数以上の区分所有者（区分所有者の5分の1で議決権の5分の1以上を有する者）は理事長に対し会議の目的たる事項を示して集会の招集を請求することを認めています。「目的たる事項を示す」とは、理事長に、集会を行う理由を伝えることです。理事長への請求は、普通の手紙を送るよりは、郵便局で内容や届けた事実を証明しても

らえる内容証明郵便を使うことをお勧めします。請求後、理事長が２週間以内に招集通知を発しなかった場合、集会招集請求をした区分所有者は自ら集会を招集できます。そして、招集した集会で正式に理事長解任決議をしましょう。

　もし、集会が招集されても解任の決議が得られず、理事長が辞めない場合、区分所有法25条２項によって対処します。

　２項には管理者、つまり理事長が不正な行為を行ったり、その他職務を行うことが不適切な場合は、住民が裁判を起こして理事長の解任を求めることができる旨が定められています。もっとも、裁判で理事長の解任が認められるためには「不正な行為その他職務を行うに適しない事情」が必要です。こうした事情があると認められるためには、理事長としての職務の怠慢の度合いが、マンション住民との間の信頼関係を損なう程度に達している必要があります。また、いきなり訴訟を提起するのではなく、調停手続きなどによって、話し合いによる解決を図るという方法もあります。

　ただ、裁判を起こしても判決までには時間がかかり、その間は理事長の問題行動が継続してしまいます。ですから、あくまでも集会による理事長解任をめざし、決議に必要な過半数の賛成を確保するのがもっとも現実的だといえます。

■ 総会に出席しない理事長の退任

退任手続きを行っていない理事長 ➡ **退任したことにはならない**

①住民が理事長に対して、総会招集を請求する
　⇒２週間以内に招集通知を発しなかった場合、集会招集請求をした住民が自ら集会を招集できる

②理事長が不正な行為を行ったり、その他職務を行うことが不適切な場合は、住民が裁判を起こして理事長の解任を求めることができる

Question 12 総会で事前に通知していなかった議題が突然提案された場合、決議をとることは可能なのでしょうか。

原則として、事前通知なく緊急提案された議題は決議をとることができません。

　区分所有法では、集会を招集する際には開催日の最低1週間前までに具体的な議題を明記した通知を各区分所有者に発することが義務付けられており、決議は原則としてこの通知に記載した事項についてのみ行うことができる、と規定されています。国土交通省が提供しているマンション標準管理規約はこの原則に乗っとって作成されていますので、これを参考に規約を作成したのであれば事前通知なく、集会で緊急提案された議題は決議をすることができません。たとえ、決議が可決されたとしても法的には無効になります。

　ただし、法には例外が規定されています。「普通決議（区分所有者及び議決権の各過半数による決議）で決議できる議題であって、規約に決議できる旨の定めがある」「区分所有者全員の同意により招集手続きを経ないで開かれる集会である」という2つの場合です。これらの場合は事前通知のない議題でも決議することができる、とされています。そのため、管理規約の中に「集会時に緊急提案された議題は、出席者の過半数の賛成があれば決議することができる」などの事前通知のない議題でも決議することを認める趣旨の条項が設けられているのであれば、有効に決議を行うことも可能ということになります。

Question 13 総会議事録に議長の署名はあるのですが、押印がなされていない場合に、総会の効力は認められるのでしょうか。

文書の証拠としての効力は弱くなりますが、押印がなくても総会自体は有効です。

　総会の議事録には議事の経過の要領とその結果が記載されます。そして、区分所有法42条3項は、議事録には議長及び集会に出席した区分所有者の2人が署名・押印しなければならないとしています。署名・押印とは自署した上で印を押すということです。

　なぜ、署名・押印が必要かというと、一言で言えば、後日、集会の結果が問題となったときに、会議の経過と結果を正確に証明する証拠とするためです。この署名・押印がなかった場合の議事録ですが、区分所有法には「署名・押印がない議事録は無効とする」という明文がない以上、一応集会の経過・結果を証明する点では有効だといえます。

　ただし、押印のある議事録に比べて、文書の証拠としての効力は弱くなります。たとえば、裁判で規約の成立を証明するために議事録を裁判所に提出したとしても、通常の議事録よりは証拠として低く評価されてもやむを得ないといった事態が起こってきます。そこで、署名だけの議事録に、署名を行った組合員が内容を再度確認し、押印するということがよく行われます。

　区分所有法には議事録への署名押印の時期については規定がありませんので、このような後からの押印も有効になります。

Column

こんな管理組合には危険がいっぱい

　管理組合の中には、残念ながら管理組合の本来の目的を忘れてしまっているかのような、不適切な運営を行っている場合もあります。以下、いくつかの具体例で見ていきましょう。

・**駐車場の使用料に関して、管理費会計に組み入れている**

　駐車場の使用料は、一般的に、管理組合の有力な収入源です。集めた駐車場使用料金を原資に、修繕等の管理業務に充てるのが一般的です。しかし、マンションの売主（デベロッパー）側が、管理費が安いことをそのマンションのセールスポイントにしたいと考える場合に、駐車場の使用料金を管理費会計に組み込んで、住民から収集する管理費を低く抑えようとする管理組合があります。管理費会計に駐車場の使用料が組み入れられてしまうと、マンションを管理するために必要不可欠である管理費が、十分に確保されていないという事態を招くおそれがありますので危険です。

・**権利関係が複雑である**

　たとえば、駐車場やトランクルームなどを、住戸とは別個に分譲の対象に設定している管理組合などが挙げられます。マンションの住戸の他に、共用施設である駐車場などの分譲が行われてしまうと、権利関係が複雑化してしまうため、管理組合の運営が困難になる場合が少なくありません。

・**管理規約を具体的に行使する細則がない**

　管理規約中で抽象的に定められている事項に関して、より具体的な基準等を示した細則が設けられていない場合があります。

・**理事の入れ替わりが激しい**

　理事が毎年入れ替わってしまっては、それ以前の管理に関する活動や基本方針が引き継がれず、非効率的な管理組合の運営がんされるおそれがあります。

第4章

管理組合の組織と運営

 マンション管理組合の組織はどのようになっていて、何の目的で設置されるのでしょうか。

 マンションを全体的に管理するために、区分所有者全員で組織する団体です。

　分譲マンションでは、外壁やエレベーターなどの清掃や、設備の保守点検などさまざまな管理業務を行う必要があります。本来、区分所有者自身がこれを行うべきですが、自分たちだけでは管理しきれないこともあります。そのような場合に、管理業務の一部又は全部を代行してもらえるのが管理会社です。業務遂行のため、必要に応じて管理会社から管理員（管理人）が派遣されることもあります。

　区分所有者と管理会社は委託者と受託者の関係になりますが、管理会社や管理人はマンション管理のための手足にすぎず、管理の主体はあくまで区分所有者です。しかし、区分所有者がばらばらに管理会社の業務をコントロールすることは困難で、マンションを共有する区分所有者同士が団体を構成することが不可欠になります。

　そこで、区分所有法は、区分所有者が全員で団体（管理組合）を構成し、集会を開き、規約を定め、管理者を置いて建物や敷地などを管理することができる、と規定しています。管理組合を組織する目的は、マンションの住民すべてが利用する共用部分を維持管理し、住民の快適な生活を維持することです。つまり、管理組合を発足させることは必要不可欠であるとともに区分所有者の

当然の権利なのです。なお、管理者とは区分所有者を代表してマンションの維持管理を行うために選任された者のことで、管理会社から派遣される管理人とは異なります。通常は管理組合の理事長が管理者になります。

●具体的な管理組合の業務

マンション管理組合は、建物を長期間、良好に維持・管理するために、敷地や付属施設の管理業務を行います。なお、従来は地域コミュニティの形成に関する業務が含まれていましたが、管理組合と自治会・町内会等との混同を防ぐために、平成28年3月に改正されたマンション標準管理規約においては削除されました。

■ マンション管理組合の業務

	管理組合の業務
①	敷地・共用部分等の保安、保全、保守、清掃、消毒及びごみ処理
②	組合が管理する敷地及び共用部分などの修繕
③	長期修繕計画の作成・変更・管理
④	建物の建替え等に関する合意形成に必要な事項の調査等
⑤	宅地建物取引業者から交付を受けた設計図書の管理
⑥	修繕等の履歴情報の整理・管理等
⑦	共用部分等の火災保険・地震保険などの損害保険に関する業務
⑧	専用使用部分についての管理行為
⑨	敷地・共用部分等の変更・運営
⑩	修繕積立金の運用
⑪	官公署・町内会等との渉外業務
⑫	マンション及び周辺の風紀・秩序・安全の維持等
⑬	広報・連絡業務
⑭	管理組合の消滅時の残余財産の清算
⑮	その他の建物・敷地・附属施設の管理に関する業務

管理組合の設立は法律上の義務なのでしょうか。

法律上、マンションの区分所有者は当然に結成された管理組合の構成員になります。

　分譲マンションには、個別に所有する独立した部屋（専有部分）の他に、玄関ホールや廊下、階段など住民全員（あるいは一部）が共同で使用する共用部分があります。分譲マンションという一つの建物に対する権利を共有しているわけです。この権利を維持管理していくためには、所有者全員が意思統一することがどうしても必要になります。このため、建物の区分所有に関する法律（区分所有法）では、「区分所有者は、全員で、建物並びにその敷地及び附属施設の管理を行うための団体を構成し、この法律の定めるところにより集会を開き、規約を定め、及び管理者を置くことができる」と規定しています（区分所有法3条）。

　したがって、マンションを購入して、実際にそのマンションに居住する住民は、もちろん、管理組合の構成員になります。また、マンションの区分所有者が、管理組合の構成員になるという法律の規定になっているため、マンションの居室を購入したものの、実際には別の場所に居住している人も、あくまでも管理組合の構成員に含まれるということに注意が必要です。

　区分所有者が団体つまり管理組合を結成することは法律上の義務であり、管理組合の設立に反対する者がいるかどうかは問題になりません。

 管理組合を法人化するためには、どのような設立手続きを経る必要があるのでしょうか。

 管理組合の法人化には、集会の開催、決議、登記、という手続きが必要になります。

　管理組合は法人化することもできます。管理組合を法人化することで、組合が法人名義で銀行口座を作ることができる、組合員個人の財産との区別が明確になるといったメリットがあります。管理組合を法人化するためには、①集会の開催、②決議、③登記、という手続きが必要になります。

　管理組合を法人化しても、区分所有者にとって、目に見える形で利益があるわけではありません。管理組合が法人化されても、区分所有法上の権利・義務に、何ら影響を与えないためです。前述のように、管理組合法人の財産と個人財産との区別が明確になるとともに、管理組合法人の存在と、代表者について、登記により公示されるので、第三者が安心して管理組合と取引を行うことが可能になり、取引の円滑化につながるというメリットも期待されています。また、管理組合法人の内部においても、年度末に財産目録等の書類作成義務を負い、一体的な団体としての構成員（住民）の意識が高まることも期待できます。

　具体的な手続きを見ていくと、集会では、管理者（理事長）が管理組合法人設立を目的とした集会を招集します。集会を呼びかける際には、開催目的や日時・場所を明記した文書を作成し、集会開催日の1週間前（標準管理規約では2週間前）までに区分所

有者全員に届けなければなりません。

この集会で、議決を行います。区分所有者と議決権の総数の各4分の3以上の賛成が得られれば法人化が認められます。区分所有者の出席が十分得られない場合に備えて委任状を預かるなどしておく必要があります。投票の際に反対した区分所有者であっても、決議が通った場合にはその決議に従わなければなりません。

法人設立が決議された場合には、事務所、法人名称（管理組合法人という表示を入れること）、理事・監事の選出など、政令に定められた登記に必要な事項を決めていきます。できれば、管理規約の草案も作成しておくとよいでしょう。理事は管理組合法人の代表者であり、必ず置かなければなりません。監事は管理組合法人の財産状況、理事の職務執行状況を監視するための機関であり、これも必ず置かなければなりません。

最後に登記です。集会の議事録を添えて、事務所の住所を管轄する登記所に法人設立の登記を申請します。これで登記が完了すれば、管理組合法人が発足するということになります。

なお、かつては、管理組合を法人化するための要件として人数制限が課されていましたが、現在では、規模の小さいマンションの管理組合であっても法人化することができます。

■ **管理組合を法人化するための手続き**

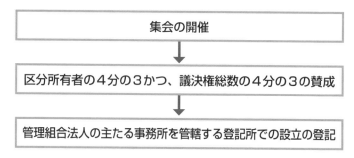

マンションの入居予定者が開いた管理組合の創立総会に、効力は認められるのでしょうか。

管理組合設立のための任意の集会として、創立総会は有効なものと扱われます。

　区分所有法3条では、区分所有者（マンションの部屋の持ち主）は建物管理のために団体を構成したり、規約を定めたりすることができるとしています。この規定を厳密に解釈すると、まだ所有者ではない人たちが管理組合を作ることはできないことになりそうです。しかし、法律の規定通りに解釈すると、最初の所有者である分譲業者だけで創立総会を開き、勝手に規約や役員を決めることができるということになりますが、それでは、マンション購入予定者にとって大きな迷惑です。そこで、創立総会は分譲住宅譲受予定者による分譲を前提とした管理組合設立のための任意の集会と考えることができます。議事録については、創立総会は任意の集会扱いで、区分所有法42条1項で規定されている議事録の作成の義務はありません。議事録を作成しなかったからといって創立総会が無効になるということはありません。

　以上より、入居予定者が開いた創立総会は法律上無効ではありません。しかし、任意の集会扱いですので決議には区分所有法の保護がないことになります。そこで、正式な契約後すぐに総会を開き、創立総会で決まった規則や、役員選任を認める決議を行いましょう。決議があると、さかのぼって過去の創立総会で決まった事項について区分所有法の保護を受けることができます。

管理組合の名義で銀行口座を作るには、どんな手続きが必要になるのでしょうか。

管理組合名義で銀行口座を開設するには、管理組合を法人化する手続きが必要です。

　管理組合名義で銀行口座を開設するためには、管理組合を法人化する必要があります。管理組合を法人化して管理組合法人となるためには、区分所有者と議決権の各４分の３以上の賛成が必要です（47条１項）。議決後、事務所のある地域の法務局（登記所）で、設立の登記を行います。法人化のメリットとしては、管理組合そのものが契約をはじめとする法律行為の主体になることができるという点が挙げられます。そのため法人化することで、管理組合名義の銀行口座を作ることも可能になります。

　しかし、法人化すると手続き面の手間で不利益もあります。まず、法人の内容は登記によって正しく表示されなければならないため、登記事項に変更を生じた場合には、変更登記をしなければなりません。管理組合の役員が変更すれば変更登記をする必要があります。また、毎年、財産目録の作成と設置の義務もあります（区分所有法48条の２）。

　また、管理組合名義の銀行口座開設に関しても、以下の点に注意が必要です。組合の口座には、代表者の氏名も記載されますが、代表者は住民の持ち回りで就任することが多く、口座作成時、そして代表者が変更になった場合には、その都度、本人確認が必要になるため、代表者本人の身分証明書等が必要になります。

マンションの隣地に商業ビル等が建設されることに対して、管理組合が反対する方法はあるのでしょうか。

組合の代表者が建設者と交渉したり、場合に応じて反対決議を行うことが可能です。

　管理組合の総会の規約によると、通常、管理組合は、建物等の管理に関する重要な事項を決議することができると規定されています。

　ただ、マンションの隣地に商業ビル等を建築することは、確かにマンションにとって「重要な事項」なのですが、「建物の管理に関する」とは、たとえば壁の補修やペンキの塗り替えなど、そのマンションの建物と敷地内のことに限定され、隣地のビルの建設自体は「建物の管理に関する」事項にはあたらないといえます。だとすれば、たとえば管理組合の臨時総会等において、ビルの建設に反対する決議を行ったとしても、法律上の特別な意味はなく、商業ビルの建設を差し止めることはできないことになります。

　マンション側の作戦としては、反対決議を行うよりも、日照や眺望などが妨害されないよう管理組合の代表者に商業ビル建設側と直接交渉してもらう方が現実的といえるでしょう。

　もっともビルの建設が建物躯体部分のひび割れや地盤沈下など、マンションの共用部分に具体的な影響をもたらす場合には話は別です。そのような場合になされる建物の損傷を事前に防止するための総会の決議は有効であり、管理組合が当事者となって訴訟提起などの法的な手段をとることも可能です。

 **ずさんな管理を行うマンションの管理者を解任するには、どんな方法をとればよいのでしょうか。**

 マンションの区分所有者は、管理組合の総会で、解任決議を行うことが可能です。

　マンションの管理者について、「建物の区分所有に関する法律」によれば、「マンションの区分所有者は、規約に定めがない限り集会の決議によって、管理者を選任し、又は解任することができる」と規定されています。

　したがって、管理者について規約で定めていない場合、マンションの区分所有者は、ずさんな管理を行う管理者を解任することができます。解任する集会の決議は、規約にとくに定めがなければ、区分所有者とその議決権の過半数で決まります。なお、各区分所有者の議決権は、規約に定めがなければ、共有部分の持分の割合により行使することになります。

　問題になっている管理者が、マンション全体の持分が少ない場合には、他の区分所有者の議決権をあわせて過半数の賛成が得られれば、当該管理者を解任することができます。

　また、当該管理者の持分が過半数以上である場合や、決議において過半数の賛成が得られず、多数決により解任できない場合であっても、問題の管理者がマンションの管理者に適していないことを理由として、裁判所に解任を請求することが認められています（区分所有法25条）。

 マンションの入居者は、自治会に加入して、自治会費を支払う義務があるのでしょうか。

 自治会は、加入を強制されるものではなく、自治会費の支払義務もありません。

　区分所有法には、「管理組合」も「自治会」という言葉も出てきません。区分所有法に出てくるのは「区分所有者の団体」という名前です。3条によると「区分所有者は、全員で、建物並びにその敷地及び附属施設の管理を行うための団体を構成し、この法律の定めるところにより、集会を開き、規約を定め、及び管理者を置くことができる」としています。

　通常イメージする管理組合とは、この3条によって結成され、マンションの設備の運営・点検や、備品の費用の徴収などを行っています。そのため、管理組合は、マンション管理のために法律上認められた組合だといえます。そのため、契約上も管理組合への入会と会費の支払義務は存在するといえます。

　一方、自治会は地域のコミュニティーを維持するための組織で、加入を強制されるものではありません。自治会への入会はあくまでも各人の自由です。もちろん、入会しなければ、自治会会費の支払義務はありません。もっとも現実的には、マンションで生活する場合は近所付き合いが不可欠ですし、マンションの住民と協力できなければ生活がしづらくなります。自治会に加入する義務はありませんが、加入しなかったことでマンションの住民と険悪にならないかなどを慎重に考慮する必要があります。

●**自治会費と管理費を区別する**

　管理組合は、区分所有法に基づく、区分所有者全員で構成される強制加入の団体であり、マンションの居住者が任意加入する地縁団体といえる自治会、町内会等とは、全く性格が異なる団体ですので、管理組合と自治会、町内会等との活動は、混同することのないよう、明確に区別する必要があります。費用についても、居住者が任意で加入して支払う自治会費・町内会費等は、地域住民相互の親睦や福祉・助け合いなどのための費用であり、マンションの維持・管理していくための費用である管理費等とは、全く性質が異なる費用です。

　しかし、かつては管理組合の業務に、「地域コミュニティの形成」に関する業務が含まれていたために、管理費と自治会費の区別があいまいになり、自治会費を管理費として一体で徴収していたという場合や、本来、自治会が行うような、マンションの管理等に直接的に関係がない事項に対して、管理費が支出されていることに対して、住民との間でトラブルが生じる場合が少なくありませんでした。

　そこで、平成28年3月に改正されたマンション標準管理規約においては、管理組合が処理する業務から、地域コミュニティ形成に関する業務は削除されました。従来、コミュニティ形成に関する業務とされてきた、マンションや周辺の美化や清掃等に関する経費は、今後は、マンションの資産価値の向上に関係する範囲で、管理費からの支出が可能になるというように、改められることになります。

　なお、自治会費・町内会費等を、管理費等と一体で徴収すること自体は禁止されているわけではなく、一体で徴収する場合には、自治会費等が強制徴収にならないよう配慮するとともに、管理費と区分して経理することが求められています。

 管理業者に委託することなく、管理組合が自分たちだけでマンション管理を行う場合に、どんな点に注意する必要があるのでしょうか。

 全住民の理解と協力が必要であるとともに、実務能力の高い人材の確保が必要です。

　上手に自主管理をしているマンションは、「中小規模で世帯数が少なく意思疎通がしやすい」「永住目的の人が多い」など、比較的管理しやすい条件が整ったところが多いようです。マンション管理を、管理組合で自主的に行うためには以下の2点に注意が必要です。

① 区分所有者全員の理解と協力

　管理業務には、清掃をはじめ管理費や修繕積立金の徴収、総会の招集・運営などさまざまな仕事があるため、そのことを区分所有者全員が理解し、一緒に共有財産を守っていくという意識を持って協力することが重要です。たとえば、「管理費の支払いを滞納しない」「清掃などは役員だけにまかせず一緒にやる」「規約を守る」など、役員の負担を軽減しようとする心がけが大切です。

② 実務能力の高い人材の確保

　管理業務を実際にこなしていくためには、ある程度の知識や時間的な余裕が必要です。区分所有者の中で、経理の実務経験がある人や電気関係に詳しい人、定年退職などで時間の都合がつけやすい人などに協力してもらえれば、継続的な自主管理は行いやすくなります。ただし、同じ人だけに大きな負担がかからないような配慮も必要でしょう。

 **マンション管理組合の役員は、どんな義務や責任を負うのでしょうか。**

 住民への報告義務等の他、職務全般に関して善管注意義務を負います。

　区分所有法28条には「管理者の権利義務は委任に関する規定に従う」と書いてあります。この「管理者」とは通常、管理組合の長である理事長を指します。そこで、区分所有法だけを見れば、その他の役員には義務や責任がないようにも思えます。

　しかし、たとえ持ち回りであったとしても、役員に選ばれるということは管理組合との間で委任契約を結ぶことを意味します。「委任」とは、一方が一方にある行為を頼んでまかせることです。つまり、役員は住民によってマンションの管理を頼まれたということです。委任には、役員が住民から管理について聞かれた場合には答える義務（報告義務・民法645条）や、役員が管理費用を受け取ったらすぐに預金などの保管措置をとる義務（民法646条）があります。それに違反した場合は、住民から損害賠償請求をされることもあります。

　また、役員の職務全般についての義務として、委任された人（受任者）の義務について、民法644条が「善良なる管理者の注意をもって事務処理を行う義務」（善管注意義務）を負うとしています。善管注意義務とは、委任された人の職業や社会的地位を考えて、普通に要求される程度の注意を払って管理をしなければならないということです。逆に言えば、役員は専門的な知識までは

要求されておらず、常識的に仕事を行えば職務を果たしているといえることになります。

●役員の負う守秘義務

前述した善管注意義務の中には、「職務上知り得た個人情報を漏らさない」という「守秘義務」も含まれます。情報を簡単に漏らす役員は注意を払って役員の仕事をしているとは言えないからです。

したがって、たとえば管理組合の役員が組合員の住所を興信所に教えたというような場合には、委任契約に反することを理由に契約責任を問われる可能性があります。また、住民のプライバシーを侵害したとして、不法行為責任を追及されるおそれもあります。

管理組合の役員は第三者に対して組合員の個人情報を絶対に漏らしてはいけません。もっとも、他人に対して伝えた内容が、秘密に該当しない場合には、守秘義務違反にはなりません。たとえば、ある住戸の購入を検討している人に対して、現在の所有者の住所を知りたいとの請求があった場合には、登記簿に記載されている住所などを開示する行為は、守秘義務違反にはあたりません。

■ 管理組合の役員の義務・責任

委任契約から導かれる義務
- ・住民への報告義務（民法645条）
- ・管理費用について保管措置をとる義務（民法646条）

職務全般に関する善管注意義務（民法644条）
- ・個人情報等に関する守秘義務など

⇒ 委任契約に違反すると、契約責任・不法行為責任を負う可能性がある

第4章 ● 管理組合の組織と運営　97

管理組合の役員に報酬を支払う必要はあるのでしょうか。

無報酬でかまいません。支払う場合、報酬のしくみを明確にすることが重要です。

　多くの管理組合において役員は無報酬です。しかし、役員になると多大な時間と労力の負担を伴うだけでなく、役員としてさまざまな義務を負うこともあるので、役員には必要経費だけでなく報酬を支払う方が公平ともいえるでしょう。標準管理規約37条2項にも定めがあれば役員は報酬を受け取ることができる旨が記載されています。ただし、役員に報酬を支払う場合には以下の点に注意する必要があります。

① 管理組合の仕事内容

　役員を報酬制にする場合、その財源を担うのは住民です。どのような仕事に対して報酬を支払うのかということを理解してもらわなければ、後々不満が生じることにもなりかねません。理事会の内容と開催回数、総会の招集事務、帳簿管理など仕事内容が明確にわかる資料を作成するとよいでしょう。

② 報酬のしくみを明確にする

　報酬の財源をどのように確保するか（管理費から充当するか、別途徴収するかなど）、どの仕事にどの程度の報酬を支払うか、などが重要になります。また、報酬制を継続することができるように会計管理を工夫する必要もあるでしょう。金銭に関係する問題なので、十分な議論をつくすようにしましょう。

管理業務の委託を検討しているのですが、そもそも管理会社はどんな業務をしているのでしょうか。

管理費徴収、保守点検、環境維持などの業務を全般的に行っています。

　管理会社は、会社にもよりますがマンション管理に関わる業務全般を行っているところが多いようです。内容としては、①管理費などの徴収や帳簿管理、予算・決算書の作成、総会や理事会の運営準備、大規模修繕の立案などといった事務管理業務、②給排水、エレベーター、配電盤、駐車場など付属設備の保守点検といった設備管理業務、③清掃や花壇の手入れなど環境維持業務、④管理人や警備員の派遣業務などがあります。管理組合は、一括もしくはこれらの中から必要な部分を選択して委託契約を結ぶことができます。分譲時にすでに販売会社系列の管理会社が介入することが決まっていた場合でも、実際に業務を行うためには契約を交わすことが必要になります。

　また、管理業者の行う業務は、あくまで管理組合からの委託に基づいて行われるものです。組合は業者に対し、委託者として業務内容についての報告を求めることができますし、場合によっては業務内容の改善を求めたり、委託金額の見直し、契約を終了して他の業者と契約するといった事項を行う事も可能です。

　管理業者に委託していても、管理の主体は管理組合ですから、書類を見てもわからない点があれば説明を求めるなどして業務内容をきちんと把握しておくことが必要になります。

管理会社の仕事ぶりがあまりよくないように思うのですが、どのように判断すればよいのでしょうか。

費用の妥当性、業務報告の有無、経営状況等をチェックして資質を見極める必要があります。

　管理会社の対応が悪い場合には、管理組合は対策を講じる必要があります。管理会社の対応が悪いと感じた場合には、まずは担当者の変更を管理会社に申し入れます。それにより管理会社の対応が向上する可能性があります。担当者が変更した後でも管理会社の業務の質が悪いようでしたら、管理会社そのものの変更を検討する必要があります。

　管理会社の質について判断するポイントがいくつかあります。

　まず、検討すべきポイントは、費用が妥当なものかどうかです。これについては、委託費の内訳について詳細な書類を管理会社に提出してもらい、その中身を吟味して費用の妥当性について判断します。

　また、定期的に管理会社についての業務の報告があるかについても、管理会社の質を判断するポイントになります。定期的な報告がなかったり、報告の頻度が少ない場合には、その管理会社の業務がずさんである可能性があります。

　管理会社の経営状況もチェックしてみましょう。財務諸表や決算書を見れば、管理会社の経営状況をある程度は把握することができます。

もちろん、マンションの管理組合の意向を汲み取ってくれるかという点も重要なチェックポイントです。マンション管理について生じる問題はマンションごとに異なるので、管理会社にはそれぞれのマンションごとに対応を考えてもらう必要があります。また、管理会社から管理人が派遣されてくる場合、業務を怠ける等の資質を欠く人ではないことを確認する必要があります。
　マンション管理については、管理組合に責任があります。そのため、管理会社の選定は慎重に行い、管理会社の業務に疑問を感じた場合には管理会社の変更を検討することも必要です。

●**予算の水増しや不正がないか**
　この他にも、管理会社が適切にマンションの管理を行っているかという観点からチェックすべきものがあります。それは、管理会社との契約書や、重要事項説明書といった管理会社から交付されている書類です。これらの書類の中に不自然な点がないか、あるいは、書類の通りに管理会社がマンションの管理を行っているかということをチェックします。
　実際に、マンションの共用の備品を不正に使用していた、予算を水増しして計上して赤字を補填していた、契約した時間帯に管理人が無断で休みをとっていたなどの、管理会社が不正を行っていた事例が存在します。このような不正を防ぐために、管理組合は管理会社の業務をチェックすることが必要です。

●**管理会社に全部をまかせてはいけない**
　管理会社にすべてを任せてしまうと、料金が割高になってしまいます。なぜなら、管理会社から一部の業務が再委託されることで、中間手数料が発生するからです。
　費用を安く抑えるためには、管理会社にすべてを任せず管理組合が主体的に行動することで、業者との契約内容を把握しておくことが必要です。

管理委託契約書を作成する場合に、どんな点に注意する必要があるのでしょうか。

管理会社の業務内容、責任の所在、管報酬額などを明記する必要があります。

　管理委託契約書には、管理業者が行う業務の内容、事故が起こった場合の責任の所在、管理会社への報酬額、契約更新・解約の方法が記載されています。契約条項があいまいだと、事故が起こったときなどに責任の所在が明確にならず、管理組合が責任を負ってしまう可能性があります。そこで、マンション管理の適正化に関する指針において、管理組合の利益に反するような管理の委託にならないよう、注意が求められています。また、契約条項があいまいだと、それを利用して不当に利益を得ようとする管理会社が現れる可能性があります。そこで、契約内容は、できる限り詳しく、明確にしておき、トラブルの発生を防ぐことが必要です。

　まずは、管理会社の業務の内容が明記されているかを確認します。実際に行ってもらう業務の内容がすべて記載されていない場合には、その業務の内容を追加で記載します。また、費用についてもチェックします。管理組合が管理会社に支払う金額だけではなく、費用の内訳についても契約書に記載しておきます。

　マンションの管理に関係する事故が発生した場合の責任の所在についても確認する必要があります。契約の更新、解除をする場合の手続きについても明記しましょう。業務がずさんな場合には、管理会社の変更を行ことも明記しておくとよいでしょう。

管理委託契約書に添付されている仕様書は、どのような書類なのでしょうか。

管理会社の仕事内容について詳細に記載した書類で、管理会社の仕事のチェックに用います。

　管理業務仕様書とは、管理会社の仕事の内容について詳細に説明している書類です。そのため、管理会社の仕事をチェックする際には、この仕様書の内容について把握しておく必要があります。管理委託契約書だけではなく、仕様書が必要になる理由は、住民に対して、マンションの建物や施設の管理状況や、管理の水準について、正確な情報を提供することにあります。また、客観的には見えにくい管理業務を明記しておくことで、管理業務と価格の関連性を明らかにし、透明性を確保するという目的もあります。

　本来、仕様書には管理会社の仕事内容について詳細に記載しておかなければなりません。しかし実際には、仕様書に具体的なことを記載せず、簡潔に管理会社の仕事を記載しているだけというケースが多くあります。

　マンション管理会社の仕事の内容は仕様書の記載によって決められます。そのため、仕様書があまりにも簡潔であったり、あいまいな表現を用いていると、後のトラブルの原因となってしまいます。そのため、仕様書に管理会社の仕事内容が具体的に記載されていない場合には、まずは管理会社の仕事を詳しく仕様書に書いておくことが必要になります。

ただし、仕様書は、マンション管理会社との契約の内容を示すものです。そのため、管理組合の側で一方的に仕様書の内容を決定することはできず、仕様書を書き換える際には管理会社との交渉が必要になります。

●どんな点を見直したらよいのか

仕様書を見直す際には、まずは管理会社にどのようなことを依頼するかについて管理組合としての意見を集約する必要があります。マンション管理から生じる問題は、マンションごとにその内容が異なっています。そのため、管理会社からどのようなサービスを提供してもらいたいかについてマンションの住民の意見を求め、マンションで生じる問題について把握することが必要です。マンションで生じている問題点を把握した上で、管理会社に行ってもらう仕事の内容を決定します。

以下では仕様書を見直す場合に、一般的にどのようなことを仕様書に記載するかの例を示します。

たとえば、清掃業務を管理会社に行ってもらう場合には、マンションの中で汚れやすい箇所を重点的に清掃するよう仕様書に記載します。その際には、清掃を行う場所だけでなく、清掃方法や清掃の頻度なども明確にします。

また、管理費を支払わない住民に対して、管理組合は督促等の措置を行うことが求められていますが、督促業務を管理会社に依頼する場合には、何を管理会社に行ってもらうかについて明確に仕様書に記載します。督促を行う場合、内容証明郵便の送付や訴訟をはじめとした法的手段の行使を検討することになりますが、管理会社が何を行うべきかについては仕様書で明確にしておきます。たとえば、管理会社には内容証明郵便の送付は行ってもらうが、訴訟は管理組合の側で提起するといった内容のことを仕様書に記載することも可能です。

管理会社との管理委託契約を結ぶときのポイントについて教えてください。

報酬の支払方法、契約期間、組合への報告方法などを明確にします。

　管理を委託するにはまず、委託先の管理会社を決めなければなりません。マンション管理を請け負う会社はたくさんありますので、広告などで情報を集め、適当なところを数社選んでください。それぞれの会社と委託する業務内容について話し合いをし、1年間の費用見積りを出してもらいます。金額の安さだけでなく、サービス内容や実績、他のマンションからの評価なども比較して委託先を決めるようにしましょう。契約するにあたっておもに注意すべき点としては以下の点があります。

　まず、①報酬の支払方法については、管理にかかる実費と報酬を一括支払いする方法と、別々に計上して支払う方法がありますが、後者の方が正確な経費の把握ができ、望ましいでしょう。次に、②契約期間ですが、実績次第では別の会社への変更を考えることもあるので長期契約にせず1年単位で更新するのがよいでしょう。さらに、③マンションの固有財産の保管や出納事務について委託する場合でも管理会社の倒産に備えて登記や金融機関の口座の名義はすべて組合（又は理事長）名義とした方が無難でしょう。

　なお、④組合への報告方法については、管理状態の報告は、月単位などできちんと受けるようにしましょう。

管理会社に管理業務を委託する場合、一部の業務だけを委託することも可能でしょうか。

全部を委託することも一部だけを委託することも可能です。

マンション管理の形態としては、全部委託と一部委託があります。全部委託とは、その名の通り管理会社にマンションの管理を全面的に委託する形態のことをいいます。全面委託をする場合、マンションのメンテナンスをすべて一社に任せることになるので、マンション管理組合の負担は少なくなります。しかし、一部委託と比べれば管理費用が割高になるというデメリットがあります。

一部委託とは、マンションの管理業務の一部を管理会社に委託するものの、その他の部分については管理組合が自ら業務を行ったり、管理組合が直接に別の専門業者に管理を依頼する形態のことをいいます。一部委託を行った場合、管理組合が自ら管理業務を行い、直接専門業者と交渉するので、費用は安く抑えることができます。反面、仕事量が増えるために管理組合の負担は大きくなります。

なお、マンション管理には自主管理という方法もあります。自主管理とは、管理会社には委託せず、原則として管理組合がマンションの管理業務を行い、必要な部分だけ専門業者に依頼するという形態のことをいいます。自主管理を行った場合、全部委託や一部委託と比較して費用を低く抑えることができます。ただし、全部委託や一部委託と比較して管理組合の負担は大きくなります。

 管理会社の業務の縮小や変更のために、専門業者や他の管理会社から見積りをとる上で、どのような点に注意する必要があるのでしょうか。

 条件を比較検討するために、複数の会社等の見積りをとる必要があります。

　直接に専門業者にマンションのメンテナンスを依頼する場合、複数の業者に見積りを出してもらって、それを比較検討しましょう。見積りを取る際には、専門業者から見積りを取るだけではなく、管理会社からも見積りをとります。専門業者からの見積りは、専門業者を選ぶ際の判断材料とします。また、管理会社の見積りは、一部の業務を専門業者に依頼した場合の料金を把握するために必要になります。仮に、一部の業務について、委託先を管理会社から専門業者に変更したとしても、管理会社に支払う金額が減らなければ、直接専門業者に依頼する意味がありません。

　業務内容を減らしても管理会社に支払う委託費が減らないような場合には、管理会社の変更も検討してみましょう。

●管理会社を変更するための手続き

　管理会社を変更する場合には、総会の決議が必要です。また、現行の管理会社との契約更新の拒絶、あるいは、契約解除のための手続きが必要になります。通常、管理委託契約書には、契約更新の拒絶のための手続きや、契約解除のための手続きが記載されています。現行の管理会社との契約を解消するとともに、新しい管理会社と契約を締結することになります。

　新しい業者を検討する際には、サービス内容や会社の信用性、

費用を考慮します。委託契約費用については、複数の会社から委託契約費用の見積りをとって、比較するとよいでしょう。

●変更にあたりどんな問題が考えられるのか

まず、現行の管理会社との契約の解消と、新しい管理会社との契約の締結は同時進行で進めることが必要です。現行の管理会社との契約を解消してから新しい管理会社を探し始めると、管理会社のいない空白の期間ができてしまいます。その空白の期間に何らかの事故が起こったり、災害時等には、理事長の判断で修繕を行うことが可能ですが、緊急に建物の修繕が必要な場合であっても、迅速な対応ができない可能性があります。

また、管理会社を変更しようとした場合、現行の管理会社は現在の契約を維持しようと管理組合の活動に介入してきます。管理会社が、管理組合を説得しようとするだけでなく、必要な書類を渡さないなどの強硬な手段をとる可能性もありますので、下準備を行ってから管理会社に契約の解消を申し込みます。そのため、管理組合の通帳・印鑑や、共用部分の鍵や備品など、マンションの管理にとくに重要な物は、現在の管理会社から管理組合が受け取り、確実に新しい管理会社に引き渡す必要があります。また、管理費等の銀行口座の変更手続きも忘れずに行う必要があります。

■ 見積書の依頼に関する注意点

専門業者に対して管理業務の一部を依頼する場合	現在、管理会社に支払っている金額よりも低額に抑えることができるか ⇒ 複数の専門業者からの見積もりが必要
管理会社を変更する場合	サービス内容・会社の信用性・費用等を検討する必要がある ⇒ 複数の管理会社からの見積もりが必要

管理人が24時間常駐しているはずのマンションで、夜間に管理人室に誰もいない場合に、改善を求めることはできるのでしょうか。

委託契約の内容を根拠に、管理組合を通して管理会社に対して改善を要求できます。

　販売会社に、夜間の管理人不在の改善を要求してもおそらく取り合ってもらえないでしょう。通常、マンションの管理は販売会社の系列の管理会社が、住民で構成する管理組合の委託を受けて行います。ですから、改善の要求は管理会社に対して行います。

　このケースでのポイントは、委託契約の内容がどうなっているのかです。管理人の勤務形態には「常駐」「日勤」「巡回」などがありますが、契約に「管理人が常駐する」と明記されていれば、現状と違うようなので管理組合を通して管理会社に即刻改善を求めるべきです。

　また、エントランスやゴミ置き場など共用部分の清掃なども、委託契約で決められた通りに行われているのかどうかについても確認してみましょう。今後改善してほしい点があれば、管理組合で住民同士がよく話し合い、意見をまとめて要望を管理会社に出します。

　また、管理人を含めて管理会社の仕事ぶりが、あなたが今払っている管理費にふさわしいものなのかをチェックすることも重要です。

　マンションの管理組合と管理会社との管理委託契約書についても、ある程度確認した上で、問題点を把握するようにしましょう。

理事会はどのような事項について決議を行い、また、誰が招集することができるのでしょうか。

理事会は原則、理事長が招集し、住民のクレーム処理に関する事項等を決議します。

　理事会は、マンションの所有者からの管理費の入金状況の確認や、マンションに関するクレームを処理するために開催されます。通常は、1か月に1回程度理事会を開催し、その時点でマンションに関して生じている問題を処理します。ただし、マンションの設備の故障等、緊急を要する事項については、定期的な理事会とは別に臨時の理事会を招集・開催します。

　標準管理規約によると、原則として理事会は理事長が招集し、また、一定数の理事の請求があった場合にも理事会が招集されます。ただし、これは標準管理規約の中の定めです。理事会の招集について標準管理規約とは異なる定めをすることも可能です。たとえば、「各理事は単独で理事会を招集することができる」と規約で定めれば、理事が一人で理事会を招集できます。

●**具体的にどんなことをすべきか**

　理事会では、さまざまなことを決定します。標準管理規約の中で理事会での議決事項とされているのは、以下の事項があります。

　まず、マンションの規約についての案の作成は理事会で行います。規約が成立するためには総会での決議が必要ですが、一から総会で規約を作ると不必要に長い時間がかかってしまいます。そのため、規約の原案は理事会で作成します。

また、総会に提出する議案の作成も理事会で行います。理事会で作成された議案をもとに、総会での審理を行い、議案に対する決議をします。

　マンションの住民が、マンション内での共同生活を乱す行為をした場合には、理事会がその住民に対して勧告や警告を行います。マンションの住民が理事会の勧告や警告に従わない場合には、訴訟などの法的手段を検討します。この他にも、総会で付託された事項について理事会で決議ができます。

　理事会で話し合った内容は、議事録に記録しておきます。議事録を作成しておかないと、理事会でどのようなことを決定したことについて後日に争いが生じる可能性があります。議事録を作っておけば、理事会で決定した内容が書面になるので、理事会での決議事項を議事録によって証明することができます。

　なお、標準管理規約によると、議事録が作成された場合には理事長は議事録に署名・押印する必要があります。

■ 理事会の招集・開催・議事録の作成

| 理事長の招集 | 理事の同意があった場合の招集 |

↓

理事への理事会の日時・場所・目的の通知など、招集手続きの実施

↓

規約で定めた定足数の理事の参加

↓

原則として出席理事の過半数で議決

↓

理事会議事録の作成、議事録への署名押印、議事録の保管

Question 21
出席者不足で理事会が成立しなくなることを防ぎたいのですが、どんな対策が考えられるでしょうか。

書面等での議決権行使方法を定め、例外的に代理人の出席を認めることが可能です。

　標準管理規約では、理事の過半数が出席しなければ理事会を開催できないことが規定されています。つまり、理事会の定足数が理事の過半数となっています。

　ただし、標準管理規約と異なる定めをすることも可能です。つまり理事会の定足数を理事の3分の1に減らしたり、理事の4分の3に増やすことができます。

　定数に関して異なる定めを行わない場合には、①理事による理事会出席以外の意思表明の方法を認める、②理事の代理人の出席を認める、などの方法が考えられます。もっとも、理事は総会で選任され、管理組合の構成員のために、適正に職務を遂行することが期待できるとして選任されているため、できるだけ総会には、理事本人が出席して、容易に代理人を認めるべきではない、ということが大前提であることをおさえておく必要があります。

　そこで、理事会には本人が出席して、理事がやむを得ない事情により、理事会を欠席する場合には、事前に議決権行使書又は、意見を記載した書面を出せるようにすることが考えられます。この際には、あらかじめ規約において、理事会に出席できない理事が、総会での決議事項について、書面等により表決することを認める旨を、規約の中で定めておく必要があります。

また、情報技術の進展が目覚ましい今日では、理事会に出席できない理事が、インターネット技術を用いて、テレビ会議により会議に参加し、議決権を行使することを認める、という内容の規約を定めておくことも有効な手段だといえます。

●代理人による出席の可否

　理事本人が理事会に出席することが大前提ですが、これを厳格に貫いた結果、有効な理事会の開催の障害になってしまうことは防がなければなりません。そこで、理事の代理出席についても、あくまでも「例外的な方法として」ということにはなりますが、これを認める必要がありますが、その際には、管理規約の中で明文の規定を置かない限り、理事の代理出席を認めることは適当ではありません。

　理事会に代理人を出席させることを認める旨の規約を定める場合には、代理人に一定の制限を設ける必要があります。マンションとは全く関係のない第三者が理事会に参加してしまうと、理事会が混乱する可能性があるためです。

　そのため、代理人についての規約を定める際には、①代理人はマンションの住民に限る、②代理人に委任したことを示す書面を理事会で提出するといった条件をつける必要があります。たとえば、「理事に事故があり、理事会に出席できない場合は、その配偶者又は一親等の親族に限り、代理出席を認める」という内容の規約を置くことが考えられます。

　なお、理事に弁護士や建築士等をはじめ、外部専門家が就くことが可能です。これらの理事は、個人的な資質や能力等に着目して選任されている理事ですので、他の理事とは異なり、代理出席を認めることは適当ではないと考えられます。

 理事会の議事録に、理事長の署名があるのみで押印がない場合には、理事会議事録は無効になるのでしょうか。

 証拠としての効力は弱いものの、理事長の押印がない理事会の議事録も有効です。

　理事会の議事録については、集会の場合と違い、区分所有法に規定がありません。そこで、法律だけに従えば理事長の署名しかない議事録も一応有効だといえます。

　しかし、理事会もマンション住民にとっては意思決定の重要な機関です。そこで、マンションの規約で、理事会の議事録についても、集会の場合と同じように署名・押印を要求している場合がほとんどです。ただ、区分所有法のような法律と違い、規約には罰金のような罰則は通常ありません。そこで、押印を怠ったからといって、過去の理事長や理事がペナルティを受けることはありません。

　しかし、理事長の署名しかない議事録は証拠としての効力が弱いといえます。今後、たとえば理事会決議内容をめぐって裁判になったときに、議事録を証拠として裁判所に提出したとしても、裁判所が証拠として評価しないこともあり得ます。

　そこで、新しい人が理事になったときからは、今までの慣習を改め理事会議事録の署名・押印は必ず行うべきです。そのとき、集会の議事録の成立のための署名・押印と同じように、理事長とその他の参加者の最低2人の署名・押印を行うようにしましょう。

住民の中に建築士や弁護士等がいる場合、理事会の下に専門家による諮問委員会を設置することは可能でしょうか。

理事会の補助という目的で、細則に基づいて諮問委員会を設置することができます。

　一般的な組合規約によると、組合の業務の執行に必要な事項は細則で決められることになります。この場合の「諮問委員会」は、理事会に専門的知識を補うためのものですから、その設置は「組合の業務執行に必要な事項」にあたります。ですから、諮問委員会の設置を細則で定めることは可能です。国土交通省から発表された管理標準指針にも、大規模修繕工事の実施や管理規約の改正などの場合に必要に応じて専門委員会を設置するのが標準的な対応であり、委員会の位置付けが細則などで明確になっていることが望ましいとしています。

　しかし、専門家ばかりといっても、諮問委員会の権限には一定の制限が存在します。まず、諮問委員会は理事会や総会のような法律上の機関ではないので、諮問委員会の決議に理事会が拘束されるような強い効力を与えることはできません。また、建替えなどの住民にとって重要な事項は総会で決めなければなりません。

　以上より、諮問委員会は、あくまで理事会の補助のためという限定がある場合にのみ、細則で設置できます。そのとき、諮問委員会のメンバーに報酬を払うのであれば、その金額もしっかりと定めるべきです。そして、念のため、総会でも諮問委員会設置の許可をとった方が無難です。

業務監査とは誰が行い、どのような業務をいうのでしょうか。

マンション管理が適正に行われているか、第三者がチェックする業務をいいます。

　業務監査とは、マンション管理が正しく行われているかについて、マンション管理会社以外の第三者がチェックすることをいいます。
　マンションの管理については、基本的には管理会社に任せることになります。しかし、マンションの管理をすべて管理会社に任せてしまい何もチェックを行わないと、管理会社が手抜きで業務を行ったり、マンション管理の料金が割高になってしまう可能性があります。そのため、マンションの管理が適切に行われているかについて業務監査を行う必要があります。
　業務監査を行う際には、まずは管理組合と管理会社が締結している契約の内容を調査します。その上で、管理会社がどのようなマンション管理を行っているかをチェックします。これにより、管理会社が契約通りの業務を行っているかどうかを明らかにすることができます。また、そもそもマンション管理のための契約内容に不備がある場合には、業務監査によりその旨が指摘されます。
　業務監査では、マンションの備品が正常に稼働しているかということもチェックします。管理会社は定期点検により備品の具合を調査しているはずであり、業務監査をすることで備品の安全性などについて二重のチェックをかけることができます。

第5章

管理費についての取り決めと徴収方法

 管理費はどんな目的のために使われるのでしょうか。

 マンションの共用部分を維持するために必要な費用です。

　管理費とは、マンションを維持するために必要となる費用のことです。マンションの居住者は、一定額の管理費を、家賃に加えて負担します。そのため、居住者の少ないマンションの場合は、多いマンションに比べ管理費が割高となる傾向があります。

　マンション内において、購入者が生活する居住部分を「専有部分」といいますが、専有部分を除いた場所はすべて「共用部分」として、マンションの所有者を包括して共有することになります。管理費は、この共有部分を維持するために利用されます。

　マンションを維持するために利用される費用は、管理費の他に修繕積立金と言われるものがあります。管理費と修繕積立金はそれぞれ利用される用途が異なり、管理費はおもに日々のメンテナンスに対して使われます。たとえば、居住者が利用するエレベーターの動作点検や、通路や階段、屋上の清掃、マンション内に駐在する管理人が行う業務などに対して利用がなされます。一方、修繕積立金は、長期的で規模の大きな修繕や改修工事のために使われます。

　管理費の高いマンションの場合は、その代わりに万全な警備体制や行き届いた清掃など、居住者が快適に生活できるような環境を手に入れることができます。

管理費を使って住民の交流イベントを行おうと思っているのですが、反対者もいます。問題になるのでしょうか。

規約では、交流イベントに対する管理費利用は認められていません。

　マンション内の住民を対象とした交流イベントの計画自体は事由ですが、そのイベントにかかる費用を管理費から支出することは問題視されることになります。

　国土交通省より発表されている「マンション標準管理規約」には、管理費の利用用途が定められています。この規約は法律上の拘束はないものの、マンションの管理組合が規約を定める際にマニュアルとするものです。マンション標準管理規約は平成28年に改正が行われ、居住者間のコミュニティ形成に要する費用に対する利用が認められないことになりました。

　管理費は、マンション内に居住する全ての住民から徴収されるものです。そのため、廊下の清掃やエレベーター点検など、マンションの居住者すべてが快適な生活を送ることを目的とした利用が必要になります。

　もし交流イベントにその費用を使った場合、イベントに参加しなかった居住者がいる場合は、居住者の間で不公平が生じることになります。そのため、改正時にコミュニティ形成に対する利用は認められず、今後、マンション内で交流イベントなどの行事を行う場合は、管理費ではなく、自治会費など、別で徴収した費用などで賄う必要性が生じます。

管理委託費はどのような用途に用いられ、金額が適正かどうかどのようにチェックすればよいのでしょうか。

管理委託業務に用いられ、管理会社が送付する書類から額の適正性を判断します。

　管理委託費とは、管理組合が管理会社に支払う費用のことをいいます。管理費は、共用部分の清掃や施設の管理などに必要な業務のために用いられる費用をいいます。住民にとって、マンションの住みやすさは重要な要素であり、管理費は、この住み心地を左右する重要な費用ということができます。住民から集められた管理費の大半は管理会社に対して管理委託費として支払われます。

　しかし、管理委託費の額が適正でないということも考えられます。そのため、管理組合は管理委託費について定期的にチェックする必要があります。

　管理委託費は、マンションの分譲時に分譲会社によって決められています。しかし、分譲時には管理委託費の額が適正だったとしても、技術が進歩することなどが原因となって、必要な費用の額が変動する可能性があります。そのため、管理委託費は定期的にチェックすることが必要です。

　管理委託費の額が適正かどうかは、管理会社から送られてくる書類を見て判断します。

　書類をチェックする際には、管理委託費がどのような用途で使われたかを見て、管理委託費の額が適正かどうかを判断します。もし、管理委託費の総額しか記載されていない場合には、管理会

社に対して詳細な内訳を記載した書類の提出を求めます。

また、駐車場使用料などの施設料は、原則としてその施設を維持するために用いられます。仮に、施設の利用料金が管理費に組み入れられている場合には、管理会社に説明を求める必要があります。

●**管理費が高すぎるという場合もある**

マンションによって必要な管理費は異なります。戸数の少ないマンションの場合は住民の支払う管理費は高くなりますし、設備を充実させればそれだけ必要な管理費は増えます。

しかし、管理会社の得る利益を大きくするために、管理費が高くなっているという可能性もあります。管理費が高いと感じるようであれば、他の管理会社から見積りをとって、現在の管理費が適正な額かどうかの検討が必要です。

また、駐車場使用料など管理費以外の費用が管理会社によって徴収されている場合には、その使用料により管理会社の赤字が補填されている可能性があります。施設の使用料が適切に使用されているかをチェックすることも必要です。

■ **管理委託費のチェックが必要**

・管理委託費の使い道を調べる
・管理会社に、内訳の詳細が記載された資料の提出を求める
・他の管理会社からも見積もりをとって比較する

管理費を安く抑えるには、どのような方法があるのでしょうか。

他の管理会社と比べて割高な部分について、管理会社と交渉を行います。

　通常の場合、管理組合は管理会社に対して、管理委託費としてマンション管理のための費用を支払っています。マンションの管理費は、一般的には、管理会社が原価とは関係なく自社が利益を得られるようかなりの余裕を見て金額が設定されています。そのため、業務ごとの費用の内訳も明確にならず、費用の根拠はあいまいなままとなっています。

　ただし、管理費は施設管理のためにも用いられる費用ですので、マンションの住民の住みやすさに影響を与える重要な要素だといえます。そのため、ただ単に安く抑えることができればよいわけではなく、ずさんな管理を許さず、効率的な価額を追求していく必要があります。

　管理費用の金額については、管理会社との間で交渉を行う必要があります。管理会社と管理費について交渉をする場合には、管理費の総額ではなく、費用の内訳ごとに検討する必要があります。具体的には、管理員にかかる費用、清掃・植栽にかかる費用、エレベーターなどの設備にかかる費用などを見直すことになります。

　費用の内訳の中で他の管理会社と比べて割高になっている部分について、費用を低く抑えるよう管理会社と交渉を行うことになります。

管理費を節減したいのですが、管理員は常駐させないといけないのでしょうか。

常駐の必要はありませんが管理員がいないときの事態を考慮することが必要です。

　管理員の仕事には、マンションの備品の使用申込みの受理や、共用部分の鍵の貸出しといった受付業務、無断駐車の確認や照明・共用設備の点検などの点検業務、ゴミの搬出の立会いや外注業者の業務の立会いといった立会業務、文書の掲示などの報告連絡業務があります。管理員の置き方には、常駐、日勤、巡回の３つの方法があります。常駐とは、管理員にマンションに住み込んでもらう形態のことをいいます。通常の勤務は昼に行ってもらいますが、マンションに住み込んでもらうことになるので、緊急時には管理員に迅速な対応をしてもらえます。日勤とは、管理員に通勤してもらう形態のことです。昼の勤務時間だけ管理員に業務をしてもらい、夜には管理員はマンションにいないことになります。巡回とは、一人の管理員が複数のマンションの業務を行う形態のことをいいます。管理員が一つのマンションで業務を行う時間は、一日あたり数時間だけということになります。

　管理員の人件費は、常駐、日勤、巡回の順に安くなります。ただし、業務の質はこの順に低下する可能性があります。また、日勤や巡回の場合は管理員がマンションにいない時間帯があります。そのため、管理員がいない時間帯に事故があった場合の対応の仕方を決めておく必要があります。

マンションの設備点検や管理に必要な費用を見直す上で、どのような点に注意すればよいのでしょうか。

料金の安い専門業者を選定することや、委託契約の見直しを行う必要があります。

　マンションの安全を確保するための点検には、日常点検と法定点検があります。日常点検とは、管理員などによって設備をチェックすることです。法定点検とは、建築基準法、消防法などの法律によって、義務付けられた定期検査を実施することをいいます。検査を行う人が有資格者に限定されており、市区町村や消防署などの各機関に検査結果を報告しなければなりません。たとえば、エレベーターの保守点検などが、法定点検の例として挙げられます。

　費用がかかるのは法定点検ですが、法定点検は法律で義務付けられてものですので、点検の回数を減らすことはできません。点検のための費用を減らすためには、料金を低く抑えている専門業者を選ぶ必要があります。

●共用部分の電気代の見直し

　共用部分の電気代はある程度削減することが可能です。

　たとえば、「電球を省エネタイプのものに変更する」「昼間など電灯が必要のない時間帯は電気がつかないような設定にしておく」といった方法で電気代を節約することができます。また、電力会社と協議して、季節によって供給する電力量を変化させるということもできます。

共用部分で使用される電力量はかなり大きいので、細かい配慮が電気代の削減に直結します。効果が薄いと見られる方法であっても、実際にどの程度電気代削減の効果が出るかを試してみることが必要です。

●清掃関係や植栽の手入れの費用を見直す

　マンションで行う清掃には、日常清掃と定期清掃の2種類があります。日常清掃とは、管理員が共用部分などの清掃を行うことをいいます。定期清掃とは、専門の清掃業者がワックスがけをするなど、管理員だけではできないような大規模な清掃のことをいいます。

　日常清掃が行き届いていれば、定期清掃の頻度は少なくて済みます。そのため、管理員と住民の手によって日常清掃を念入りに行っていれば、定期清掃のための費用を抑えることができます。

　また、落ち葉の掃除や害虫の駆除など、植栽にも費用が掛かります。植栽については、地域に密着している植木業者に依頼すれば費用が安くなる可能性が高いといえます。また、住民の中で植栽に関心のある人を募り、その人に管理を依頼するという方法もあります。

●駐車場のメンテナンス契約を見直す

　単に地面に車を停めておくだけの駐車場であれば、維持費はそれほどかかりません。しかし、マンションの場合、機械式駐車場を導入しているケースが多いようです。

　機械式駐車場は、数年ごとに部品の交換や、安全のための専門業者による定期的な点検が必要です。そのため、機械式駐車場を維持・運営には費用がかかります。

　機械式駐車場の保守点検は、専門業者に依頼します。そのため、機械式駐車場の費用の抑制を検討する際には、どの会社に依頼するかという点が重要になります。

 エレベーターの保守契約を見直すことで、管理費を抑えることも可能でしょうか。

 常にフルメンテナンスをする必要がなければ管理費を抑えることもできます。

　エレベーターの保守点検契約には、フルメンテナンス契約とパーツ・オイル・グリス契約があります。フルメンテナンス契約とは、保守点検のすべてを業者に任せる契約です。パーツ・オイル・グリス契約は、委託業務を一部に限定する契約で、部品の交換の場合には別途費用がかかる契約です。マンションが新築されてまだ間がなく、部品の交換の必要がない場合にはパーツ・オイル・グリス契約を締結し、マンションが建築されてから10年以上が経過し、部品の交換が必要な場合にはフルメンテナンス契約を締結することで、エレベーターの保守費用を抑えることができます。

　また、エレベーター保守業者には、エレベーターのメーカーの系列会社である業者と、独立にエレベーターの保守を行っている会社があります。メーカー系列会社は、系列の会社のエレベーターしかメンテナンスを行いませんが、独立の保守業者はどのエレベーターであっても保守業務を行うという特徴があります。費用の面では、メーカー系列会社の方が独立系の保守業者よりも高くなっています。ただし、メーカー系列会社の方が交換を必要とする部品の調達を迅速に行うことができます。特殊な部品を使っているエレベーターでなければ、独立系の保守業者への依頼を検討する余地があります。

 **分譲マンションの一室を購入したのですが、支払う管理費の負担割合がよくわかりません。管理費はどのように負担するものなのでしょうか。**

 原則として専有部分の床面積の割合によって決まります。

　マンションでは、出入口や、廊下、エレベーターなどの施設を区分所有者全員が共同で利用します。これらの共用部分は、区分所有者全員の共有に属するとされています。そして共用部分の管理に必要な費用が管理費です。エレベーターの維持費や管理人の人件費、階段・廊下の電気代だけでなく、共用部分などに係る火災保険料、その他の損害保険料や経常的な補修費、ゴミ処理費などもこれにあたります。

　区分所有法では、管理費等負担の割合は、原則として各区分所有者が持つ専有部分の床面積の割合によって決まるとしています。たとえば、160㎡の部屋を所有している人は、80㎡の部屋を所有している人の倍の管理費を払うことになります。ただ、マンションの規約でとくに負担の割合が規定されている場合には、その規定に従います。

　なお、管理費は、自治会費とは区別されなければいけません（マンションの管理の適正化に関する指針二の7）。また、通常の分譲マンションでは、諸経費の負担割合や具体的な金額は規約に定められています。まずは規約をもう一度読み直し、規約に何の記載もない場合には、分譲業者に問い合わせてみるとよいでしょう。

マンションの管理費が不動産業者の説明とは異なり、高額であった場合に、購入契約の解約等を行うことは可能でしょうか。

管理費が高額であったことに基づき、購入契約を解消することは難しいといえます。

　宅地建物取引業者は、取引物件に関する重要事項について説明すべき義務があります。そして、この義務を果たさなかったり、虚偽の説明をしたために、消費者が購入の意思を決定した場合は、契約を解除することができます。

　では、管理費が当初の説明よりも高額である場合にも、同様に契約の解除が可能なのでしょうか。管理組合の決定によって管理費が改定されたことは、代金であるローン価格に関する情報と並んで、不動産業者に説明すべき義務が確かにあります。交渉の過程で、不動産業者が、管理費などについてマンションの管理組合に問い合わせておくべきです。ただし、管理費が低額であることだけを理由に、購入者が物件を購入する意思決定をしたと認めることは難しいといえます。つまり、契約自体を解除することは難しいといえます。

　また、管理組合の総会によって決定されたので、区分所有者となった購入者は従わなければなりません。購入者としては不動産業者に対して、説明義務違反を理由に、損害賠償を請求することができるのみで、管理費が当初の説明よりも高額であったことを理由に、マンションの購入契約を解消することはできないものと考えられます。

マンション1階はエレベーターを使用しないため、その分の管理費を免除されたり、専用庭の使用分の管理費が高く設定されるということは認められるのでしょうか。

専用庭とは異なり、エレベーターの使用頻度による管理費の変更は困難です。

　管理費の金額は、原則として専有部分の床面積の割合に応じて決定されます。1階と上階の専有部分の面積が同じであれば、管理費の金額も同じです。エレベーターをほとんど使わないのに不公平だと思うかもしれませんが、建物の構造上、1階の人がエレベーターを使用できないようになっているのでない限り、エレベーターを絶対使わないとは言い切れません。実際のところ、エレベーターの利用頻度に応じて、管理費の金額を変えることは困難です。判例でも、エレベーターは1階の住人も含めた全体の共用部分だと認められています。

　一方、専用庭についてですが、専用庭は本来敷地の一部です。ただ、利用する人が、その部分に住む区分所有者に限定され、専用使用権を認めています。使用者には別途使用料を課すことも認められます。標準管理規約14条2項でも、専用庭について使用料納入義務についての規定が置かれています。前述のエレベーターは、使用する住民に限定はなく、すべての人が使用する可能性があるのに比べて、専用庭は、すべての住民が使用することが予定されておらず、この点がエレベーターとは違うところです。

　だとすれば、上階の管理費と比べて一定程度の差は、専用庭の使用料金として妥当な金額だといえるでしょう。

理事会の役員が管理費の運用に失敗して大きな損失が出た場合、理事会構成員に補償を求めることは可能でしょうか。

運用に失敗した理事の他、理事会構成員に損害賠償を求めることが可能です。

管理者である理事長は区分所有法28条で受任者としての義務を負います。それ以外の理事についても、民法によって受任者としての義務を負います。受任者は民法644条に基づき、委任の本旨に従って、誠実に委任事務を行う義務（善管注意義務）を負います。

今回のケースで考えると、通常、理事に管理を委任した住民からすれば、管理費をしっかりと管理し、安定させることが「委任の本旨」であるといえます。たとえば、株式投資を理事が行った場合、その理事はもちろん、それに賛成した理事長をはじめとする他の理事会構成員も、受任者として義務に反しており、損害賠償の責任を負います。そこで、理事会構成員に管理費を穴埋めさせることは可能です。

次に理事への責任追及の方法を説明します。理事会構成員が自主的に損害額を払えば問題ありません。しかし、もし理事会構成員が払わない場合は、裁判を起こすことになります。ただし、マンション住民個人が理事会に穴埋めを請求することは判例では認められておらず、「管理組合」として請求しなければいけないため、総会で裁判を起こすことに対する決議を得てから裁判を起こすようにしましょう。

管理会社が倒産した場合、組合員が支払った管理費や修繕積立金は守られるのでしょうか。

組合員拠出費用が管理組合の財産であると主張することで差押を防ぎましょう。

　組合から委託を受けた管理会社が管理費などを管理する場合、組合財産の分別管理が義務付けられています（マンション管理適正化法76条）。組合の財産は、管理会社の財産とは別個に管理しなければなりません。管理組合が法人化していれば、法人の名義で財産を管理します。それ以外の場合は、理事長の名義の口座で管理します。

　口座の財産は、管理組合が実体として存在し、財産の管理責任が管理組合にあると認められれば、組合のものだと認められます。

　管理会社が倒産した場合、金融機関に預金が管理組合のものだと主張しておくことです。債権者から差押を受けた場合に、差押債権者の請求に応じないように求めます。そうすれば、金融機関も払戻を留保するはずです。その間に、集会を開く時間を持つことができます。差押を受けた場合は、集会で民事執行法の「第三者異議の訴え」「執行停止の申立」を提訴することを決議します。差押財産は組合財産だと主張して、執行手続きを停止させます。提訴したものの、効力発生前に取り立てられることもあります。その時は債権者への不当利得返還請求や、金融機関への債権存在確認、預金払戻請求を起こしましょう。

売れ残り住戸の管理費について、住戸の販売会社に支払わせることは可能でしょうか。

管理費用免除規定がある場合、負担させるのは難しいため規定の改正等が必要です。

　区分所有法に、管理費に関係する規定があります。まず、14条に「共用部分の持分は、専有部分の床面積の割合による」という規定があります。そして、19条に「規約に別段の定めがない限り各区分所有者は持分に応じて共用部分の負担を負う」と定められています。

　販売会社も、売れ残った住戸の所有者です。そのため、原則として販売会社も管理費などを持分に応じて負担しなければなりません。しかし、仮に規約の中に管理費負担を免除する規定があったとしましょう。この規定が無効か有効かという判断をすぐに下すことはできません。過去の判例にもこのようなケースはありません。今後の動向が気になるケースだといえます。

　とはいえ、このままでは売れ残り住戸がある限り、その部分の管理費が支払われないままです。本来、共有物の管理は共有者全員で負担するべきです。販売会社もマンションの共有者ですので、管理費を長期間支払ってもらえないようでは困ります。だとすれば、通常売却に必要な期間を経過した場合には、まだ売れ残っていたとしても管理費を支払うように規約を改正すべきでしょう。販売会社の支払義務は管理規約によって免除されているわけですから、免除規定を廃止すれば、販売会社も管理費の支払義務を負

います。

　管理規約の変更、廃止は、集会で特別多数の賛成が必要なので区分所有者と議決権の各4分の3以上の多数の賛成が必要になりますが、これを検討すべきといえます。ただし、一部の区分所有者に「特別の影響」を与える場合には、その区分所有者の承諾を得る必要があります。そのため、免除規定を廃止する場合には、販売会社の同意を得なければなりません。

　マンション販売会社の管理費が免除されたままだと、現在のマンションの所有者が負担を強いられることになります。管理費が不足するような事態が生じた場合には、その赤字を補うために修繕積立金を取り崩すことになる可能性があります。マンションのすべての部屋に住民が入ることを前提として、各戸から徴収する管理費の額が決められていますので、マンションに空き部屋があると現在の入居者にしわよせが来てしまいます。

　管理費の負担を求めるために販売会社との交渉が必要にはなりますが、将来的なことを考えると、粘り強く販売会社を説得することが必要です。

■ 売れ残り住戸の管理費について

売れ残りの住戸

⇒ 所有者は販売会社
∴ 管理費用を販売会社が負担するべき

管理費負担免除規定がある場合…
⇒ 管理費の支払いを免れることもある

ただし、住民の負担が重くなる等の不都合があるため、販売会社との交渉や、免除規定の廃止が必要になる

Question 14
収支決算を行った結果、管理費が不足することが判明した場合、不足分を追加徴収することは可能でしょうか。

原則として総会決議が必要ですが、住民は不足分の徴収に応じる必要があります。

　管理組合が適切に運用した結果、管理費などが不足するのであれば、区分所有者は追加徴収に応じなければなりません。

　不足分を追加徴収する際には、原則として予算や管理費の変更を議題として総会を開き、決議を得る必要があります。しかし、例外的にその必要性や緊急性が明らかである場合には、総会の決議がなくても徴収を行うことができると考えられています。ただし、決算前から管理費の赤字が発生することがわかっている場合や、修繕の見積りを業者から受け取った時点で積立金を大幅に超える費用がかかるということがわかっているのであれば、事前に総会で追加徴収についての決議をとっておきましょう。

　したがって、原則として予算や管理費の変更をするために、総会を招集する必要があります。その際、管理にかかる費用の見直しをして予算案を作成しなければなりません。管理費の増額については、居住者からの反発が予想されますから、今年度の実績や物価の上昇、管理にかかる費用の見積りなどの根拠を準備して総会に臨むようにします。なお、管理費の不足などの事態は今後も発生する可能性がありますので、管理規約に対処方法を規定しておくとよいでしょう。

滞納者に対する管理費の請求について方針を決める場合にも総会決議が必要になるのでしょうか。

総会決議は不要で、理事会の決議だけで法的手段による請求を行うことが可能です。

　管理費を納めない区分所有者の存在は、理事会などマンション管理をする立場から見て大きな問題です。また、滞納者を放置していては、管理費を払っている区分所有者が不公平感をもち、マンション居住者全体の感情的トラブルに発展するおそれもあります。

　管理費を滞納者から回収するときに、感情的になって滞納者の部屋に押しかけるなどの行動をとることは、賢明ではありません。滞納者から住居侵入罪などで訴えられる危険もあります。強制的に管理費を徴収したい場合は、法的手段を利用しましょう。法的手段には、内容証明郵便の送付、債務名義に基づく強制執行、区分所有権の競売の申立てなどがあります。これらの措置を場面に応じて段階的に進めていきます（マンション標準管理規約60条関連コメント③、別添3）。

　管理費請求は素早い対応が要求されるため、マンション標準管理規約では、未納の管理費などの請求については総会決議を必要とせず、理事会の決議だけでも、理事長が管理組合を代表して訴訟その他の法的措置を行うことができると規定しています。また、未納の管理費・使用料の請求について、訴訟などの法的措置を行うかどうかについて理事会の決議事項としています（マンション標準管理規約54条）。

管理費を滞納している住民に対して、強制的に支払いを請求する方法はあるのでしょうか。

支払いの督促（請求）を行い、なお支払われない場合には、少額訴訟等を提起できます。

　マンション管理組合はマンションの管理業務を行うにあたって必要となる諸費用を「管理費」として区分所有者（組合員）から徴収することができます。通常、管理費は組合員それぞれの持分割合（専有部分の床面積の割合）によって負担するとしています。

　管理費を滞納した組合員に対しては、マンション標準管理規約が改正され、管理組合が、滞納者に対して督促等の法的手続きをとることが可能であることが明記されました。

　その前に、催促しても管理費を払わない組合員に対しては、内容証明郵便を利用して、支払うように請求することも考えられます。それでも何の回答もしない組合員については、法的手段を行使するしかありません。この場合、支払督促又は少額訴訟の制度を利用するとよいでしょう。支払督促をした場合、債務者が異議を申し立てなければ強制執行が行われます。債務者が異議を申し立てれば訴訟に移行します。少額訴訟は、簡単な手続きで費用も低く抑えられる訴訟の形態です。滞納額が60万円以下であれば、少額訴訟を提起できます。

　また、滞納されている管理費については、区分所有法により先取特権（他の債権者より先に、債務者から金銭を支払ってもらえる権利）の行使が認められています。

Question 17

中古マンションを購入する場合、前の持ち主が管理費などを滞納しているとその分を支払わなければならないことがあると聞きましたが、本当なのでしょうか。

部屋の新所有者が管理費等の支払義務を引き継ぐことになります。

　結論からすると、前の持主が滞納している管理費などを支払わなければなりません。「建物の区分所有等に関する法律」8条によれば、中古マンションを取得した人は、取得したマンションについて、前の所有者が管理費などの滞納があった場合、取得者がその滞納の事実を知っていたか否かを問わず、全面的に滞納していた管理費や修繕積立金などの支払義務を引き継ぐことになっています。

　不動産業者から中古マンションを購入する場合、不動産業者は、購入者に対して滞納管理費などについての説明をする義務があります。そこで、これに反して不動産業者が購入者に説明をしなかった場合には、その不動産業者に対して損害賠償などの責任を追及することができます。

　なお、裁判所の競売物件の場合は、競売事件の記録に支払義務についての記載があるはずです。落札に参加するつもりなのであれば、その旨をきちんと確認するようにしましょう。滞納管理費などの記載がある場合は、競売物件の購入後に、その金額を当然に支払わなければなりません。物件が格安であるという場合は、何らかのマイナス部分があるかもしれないという認識を持つことが必要です。

Column

横浜のマンション傾斜事件はなぜ起きたのか

　建物を建てるためには、その建物の重量を支える基礎が必要です。この「基礎」部分に不具合があると、建物全体の安全性が脅かされてしまいます。基礎は、建物の大きさや重さ、地盤の状態などに合わせて設計されます。建築基準法には、マンションの基礎は良質な地盤に届いていなければならないという規定が置かれていますが、ここでいう良質な地盤とはN値50以上の硬さがあるということを意味しています。N値とは地層の硬さを示す値で、数字が小さいほど軟らかい地層であり、数字が大きいほど硬い地層であることを表します。マンションを建てるときには、N値50以上の地層がどこに存在するかを調べることから始めなければなりません。こうした作業のことを地盤調査といいます。

　平成27年10月に三井住友レジデンシャルが横浜市で販売したマンションが問題になりましたが、この事件は建設時に必要な地盤調査を一部行わず、別の地盤データを転用・加筆して基礎工事を行ったもので、一部マンションが傾く事態にまで及んでいます。この事件が起きた背景に、マンション販売における特有の構造の存在が挙げられます。つまり、マンションのデベロッパーが、1棟のマンションを分譲したときに得られる純利益は、非常に薄利であると言われています。そこで、少しでも利益を捻出するために、建設費を極限まで圧縮しようと、ゼネコン（元請け業者）に無理な工事を発注し、さらにそのゼネコンが、下請け業者に過酷な負担を負わせるといった、負の連鎖が循環する構造が事件の根底にあります。建物構造に直結する杭打ちは、本来であればボーリング調査を行った上で正確に支持層へ打ち込む必要がありますが、極限までコストを削減した結果、十分な管理体制の下で適切な作業や確認行為が行われなかった可能性が想定されます。

第6章

マンションの修繕と建替え

 マンションの点検や修繕について、どんな点に気をつければよいのでしょうか。

 定期点検時以外にも、日常から傷みに注意しておくと、補修の負担も小さくなります。

　マンションの構造にはさまざまな種類があります。マンションを建築する際には、鉄骨、鉄筋コンクリート、鉄骨鉄筋コンクリートなどの材料から、建てようとしているマンションにふさわしいものを選びます。材料を選択する際には、コスト、耐震性、遮音性を考慮して適切なものを用います。

　また、建物の支え方にもいくつか種類があります。一般的にマンションで用いられているのはラーメン構造と呼ばれる方法です。ラーメン構造を用いた場合、柱などの骨組みを接合していくことで建物を支えます。壁式構造と呼ばれる方法もあります。壁式構造を用いた場合、壁や床など平面的な構造部を組み合わせて建物を支えます。壁面構造はラーメン構造に比べて室内が広くなっています。

　建物の耐震基準については建築基準法に定められています。建築基準法の耐震基準は昭和56年に改正されて、現在でもその耐震基準が用いられています。昭和56年以降に用いられている耐震基準は、それ以前の耐震基準と比較して新耐震設計基準と呼ばれています。阪神淡路大震災のあった平成7年に、地震による建物の倒壊を防ぐことを目的として耐震改修促進法が制定されました。この法律により、建物が新耐震設計基準を満たすような改修をす

ることが奨励されています。

● マンションの傷みの見分け方

どんなマンションでも、時間の経過とともに少しずつ傷みが出てきます。そのため、マンションの管理組合は定期的に点検を行い、建物が劣化していないかをチェックする必要があります。

また、マンションの傷みは、ある日突然表れるものではなく、毎日少しずつ生じます。マンションの管理組合による定期点検だけではなく、普段の生活の中でマンションに異常が生じていないか注意することも必要です。

マンションの修繕を行うとしても、初期段階で対応することで、修繕にかかるコストを小さく抑えられるため、初期段階でマンションの劣化を発見することが重要です。

建物の中で、年数経過により劣化する可能性のある設備としては、マンションの外壁や廊下、玄関ホールや階段などがあります。配水管や配電盤、給水タンクなどの設備は、サビや破損が発生すると生活に支障をきたすので早めの修繕が必要です。また、エレベーターや自動ドア、共用の集会所や駐車場なども要注意です。そのため、マンションの点検を行う場合には、これらの箇所にとくに注意を払う必要があります。

■ マンションの点検や補修の注意点

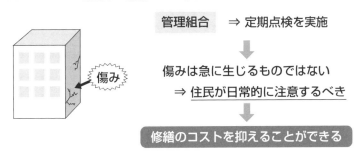

鉄部が劣化しているのかについてどのように判断したらよいのでしょうか。

塗装の状態や膨張・さびの有無を確かめ、ある場合は速やかに塗り直しましょう。

　マンションの設備のうち、鉄部はもっとも劣化するのが早いといえます。鉄部とは、ベランダの手すりや非常階段など鉄でできている部分のことをいいます。鉄は、空気に触れたままにしておくと1週間ほどでさびはじめます。

　鉄部の塗料がはがれてくると、鉄部の劣化だけでなく、建物の外観にも影響を与えます。さびた鉄部が露出していると外観が悪くなり、建物の資産価値が下がってしまいます。

　鉄部や鉄部の塗装が劣化しているかどうかを判断する際に注意するポイントがいくつかあります。

　まず、塗装が粉状になっていないかをチェックします。塗装が傷むと塗料が粉状になって白い粉が手につくようになります。また、塗装の膨れは、塗装が劣化しているサインです。そして、実際に塗装がはがれて、さびが出ていないかについてもチェックします。塗装が剥がれていれば、そこから急にさびがでますし、さびを放置したままにするとその部分が折れてしまいます。

　ベランダや廊下の手すりなど、普段から目にしている鉄部は住民が、そして、普段使用せず住民の目に触れる機会がない非常階段や屋上にある鉄部については、管理組合が点検を行うようにしましょう。

 外壁の劣化を見つけた場合にはどんな点に注意すればよいのでしょうか。

 ひび割れで劣化が進行すると、修繕コストが大きくなるので早期に対応が必要です。

　マンションはコンクリートでできていますが、コンクリートは乾燥することでひび割れが生じます。材料や工法を工夫することでひび割れの発生を遅らせることはできますが、普段からひび割れが生じた場合を想定しておき、適切な対応をすることが必要です。

　ひび割れを見つけた場合は、できる限り早期に対応することが必要です。ひび割れにより劣化が進行すると、修繕のためのコストが大きくなってしまいます。コンクリートのひび割れを放置すると、外気や雨水が内部の鉄筋に触れてしまいます。そうすると、鉄筋がさびてしまい、大がかりな修繕が必要になります。そのため、ひび割れを発見した場合には早期に対策を立てることが必要です。

　マンションの壁面が白くなっている場合、コンクリート部分にひび割れが起きて、ひびから水が浸透してコンクリート成分が流出している可能性があります。本来アルカリ性のコンクリートが空気に触れて中性化すると、マンション全体がさびに弱くなってしまいます。また、ひび割れから茶褐色の水が出ている場合には、コンクリートの中の鉄骨がさびている可能性が高いので、早急に処置を行うことが必要になります。

屋上の定期点検を行う上で、どんな点に気をつければよいのでしょうか。

雑草が生えていたり集水口の詰まりは、雨漏り等の原因になるので点検が必要です。

　マンションの屋上も定期的に点検する必要があります。

　屋上でまず気をつけなければならないことは、屋上に生える雑草です。屋上はコンクリートで覆われていますが、コンクリートが伸び縮みするように伸縮目地が設けられています。雑草はこの伸縮目地の部分に生えてきます。伸縮目地の部分に雑草が生えると、コンクリートの伸び縮みが阻害されてひび割れを起こしたり、雨漏りの原因になったりします。屋上で雑草が生えているのを見つけたら、すぐに抜いてしまうことが必要です。

　また、屋上の集水口は定期的に清掃する必要があります。屋上の集水口にゴミが詰まると、排水が追いつかず雨水が屋上にたまってしまい、雨漏りの原因になります。そのため、集水口にゴミがたまっていないか定期的に点検することが必要です。屋上は、普段は人が立ち入らない箇所です。しかし、だからといって、点検を怠っていると設備の劣化が進行してしまいます。そのため、マンション管理組合の理事などが定期的に屋上を見回ることが必要です。

　もっとも、屋上に上がるための点検口は、一般的に幅が狭く、タラップに梯子をかけて昇る構造になっています。安全性に注意しながら、点検を行う必要があります。

給排水設備の構造や劣化によるトラブルにはどのようなものがありますか。

複雑な構造をしているため、さびが原因の赤水が発生しないよう点検をしましょう。

　マンションの給排水設備は、一戸建ての給排水設備よりも複雑になっています。通常、マンションでは、水道管から直接に各戸に水を供給しているのではなく、マンション内の共通の設備を通してから各戸に供給されます。また、複雑な構造になっているのは、上層階の住戸に水を送るためには、水道の水圧が不足してしまうため、さまざまな設備機器が設置されているためです。

　具体的には、水は水道管から建物の地下にある受水槽を通り、揚水ポンプを使ってマンションの屋上にある高架水槽に送り込まれ、そこから、給水管を通って各戸に水が供給されます。そのため、それぞれの設備について定期的な点検が必要になります。

　給水設備の劣化が原因で生じるトラブルとしては、水道管のさびが原因で水が赤くなる赤水や、水道管にひびが入ることで起こる漏水があります。現在はさびにくい素材が用いられていますが、それでも点検は重要です。赤水が発生すると水道水が使えなくなります。また、見えないところで漏水が起こると建物が損傷します。排水管にはさまざまなものが流されるので、詰まってしまうこともあります。排水管が詰まったり、排水管から水が漏れると悪臭の原因になります。そのため、給水管だけでなく排水管についても、定期的にメンテナンスが必要です。

 修繕積立金とはどんな性質のお金で、金額はどのように決めるのでしょうか。

 マンションの修繕のために積み立てておくお金のことで、総会で金額を決めます。

　分譲マンションは、外壁など共用部分を含めて区分所有者の所有物となりますから、年数経過による劣化や破損の修繕は、当然、区分所有者自身が行わなければなりません。しかし、マンションの修繕となると区分所有者全員で費用を分担するといっても、各々の負担はかなり高額になります。修繕するたびに一度に請求しても、支払えない人が出てくるかもしれません。そこで通常は、予測される劣化に対する修繕費用を月々積み立てていく方法をとっています。このマンションの修繕のために積み立てておくお金のことを修繕積立金といいます。

　月々の積立金の額を決定する際には、管理組合の総会で承認を得なければなりません。マンションの構造や備えられた設備の耐久性、補修が必要となる経過年数、予想される修繕費用などを事前に調査し、根拠ある金額を総会に提示します。あまり安く見積もると、実際に修繕する際に追加金を徴収しなければならなくなる可能性がありますので注意しましょう。

　修繕積立金は区分所有者全員の財産なので、集金や出納などの管理を管理会社に委託している場合でも、口座名義は組合（あるいは理事長）のものとし、常に状態を把握できるようにしておきましょう。

マンションの修繕は何年ごとに行うのでしょうか。法的な基準などはあるのでしょうか。

法律上のルールはありませんが、外壁が9〜15年など、目安はあります。

　マンションには修繕が必要不可欠です。外壁や屋上は常時日光や風雨にさらされていますし、給配水管やエレベーターなどの設備は使えば使うほど損耗します。

　ただ、日々の手入れによってある程度傷みを食い止めることは可能ですし、構造や材質、工法などによっても修繕を要する時期はかなり違ってきます。

　修繕時期に関しての法的な規定はなく、各マンションがそれぞれの事情に応じて計画を立てることになります。一般的なマンションの修繕時期の目安としては、外壁が9〜15年、屋根・屋上などが10〜15年、給水管・ポンプなどは12〜20年、エレベーターは25〜30年などとなっています。もちろん、ひび割れなどが見つかったら早めに補修すべきですし、消耗度を知るためにも計画の時期にこだわらず、年に1回程度定期点検を行うとよいでしょう。マンションの点検・診断については、それぞれの箇所によって建築基準法や消防法、水道法などで定められた診断基準がありますので、専門家に依頼するべきです。総合的な建物診断を請け負う建築士事務所などもありますので、信頼できる業者を探すようにしましょう。なお、物価の変動や状況変化なども考えられますので修繕計画は数年ごとに見直すようにしましょう。

築20年のマンションに住んでいますが、階段の一部にひびが入っていました。この修理費用は誰が負担することになるのでしょうか。

分譲マンションは、原則として区分所有者全員が修繕費用を負担します。

　基本的に、物の修繕にかかる費用は、その所有者が負うことになります。分譲マンションであれば、階段は原則として区分所有者全員の共用部分になります。そこで、区分所有者が連帯して費用を負担することになります。

　ただ、管理組合の規約により、その階段がこれを使用する一部の所有者だけの共有部分とすることになっている場合は、対象の所有者だけが修繕費用を負担することになる場合もあります。

　また、分譲マンションの場合、管理組合の規約により、共用部分の維持管理のために管理費を徴収したり、年数経過に伴う建物の劣化を予測して修繕金を積み立てている場合があります。長期間にわたり予測され得る大規模な修繕工事の計画を立て、その総額をまかなえるように割り出した金額が修繕積立金です。この場合、区分所有者は管理組合の理事長など管理者に修繕を請求することができます。管理者は、修繕積立金などから修繕費用を支出します。

　なお、共用部分の維持管理を管理会社に委託している場合は、管理会社の方に修繕を請求します。

　破損に気づいた人が自己負担で修繕した場合は、他の区分所有者や管理組合に対して、費用の弁償を請求することができます。

分譲団地の特定の棟の駐輪場が壊れてしまった場合に、全住民から集めた管理費から修理代を支払うことは不公平ではないのでしょうか。

原則として管理費から捻出可能ですが、頻繁な場合には修繕積立金を用いましょう。

　国土交通省公表のマンション標準管理規約（団地型）では、管理費から、設備維持費や管理委託費などの他、経常的な補修費も支払うとの規約があります。これも見本ですが、大半の団地の規約でも、このような規定があることでしょう。

　経常的な補修費とは、言い換えると、費用が少額で、軽微な補修のための費用のことです。いくらまでが少額かというと、これには明確な規定はありません。たとえば、頻繁に修理代を支払っているとなると、不公平感は否めません。その点を重く見て、仮に駐輪場の修理費用が25万円必要であったとした場合、この金額を少額ではないと判断することも可能でしょう。理事会の決議で、少額ではないとの結論が出れば、各棟修繕積立金を取り崩して修理することが可能になります。

　何度も起こるようであれば、問題の駐輪場とは無関係の他の棟に住む住民から批判が出ないように、管理規約を改正して、少額修繕であっても各棟の積立金から支払いができるようにしてもよいでしょう。

　なお、規約の定めで、積立金の取崩しには総会の決議が必要だとされている場合もあります。その時には総会にかけて決定します。

修繕工事にはどのような種類があり、どんな発注方式があるのでしょうか。

規模に応じて大・小の修繕工事があり、おもに３種類の発注方式があります。

　修繕工事には、大規模な修繕工事と小規模な修繕工事の２種類があります。大規模な修繕工事とは、具体的には外装や設備の工事など、10年に一度程度のペースで行う工事のことを指します。多くの費用がかかるので、大規模な修繕工事を行う場合には、事前に資金を積み立てておく必要があります。小規模な修繕工事とは、具体的には２～３年に一度のペースで行われる工事や、突発的な事態に対応するためになされる工事のことを指します。工事にかかる費用は、原則として毎年の予算の中で賄われますが、工事の内容によっては一時金が徴収されることもあります。

　修繕工事の発注方式には、おもに以下の３種類の方式があります。なお、マンションの管理の適正化に関する指針では、工事の発注にあたり、管理組合の利益に反するような発注方法にならないよう、注意が求められています。

① 設計施工一括発注方式

　管理会社やゼネコンなどの一つの業者に工事の計画から施工まで一括で依頼する方法です。この方法は簡単に発注ができ迅速に工事を開始できます。しかし、個々の工事の内容について他の業者と比較することはないので、競争原理が働かず工事の費用が割高になってしまう可能性があります。

② 設計施工分離発注方式（競争入札方式）

　工事の計画を行う設計業務と、実際に工事を行う施工業務とを別の業者に発注する方法です。工事の設計を行った後に、実際に工事を行う施工業者を選定します。発注者は、設計業者と施工業者のそれぞれについて適切な業者を選定することになるので、①と比べて競争原理が働きます。ただし、設計や施工の内容に踏み込んで業者を選定することになるので、発注者にも工事に関する知識が必要になります。

③ 設計施工分離発注方式（CM方式）

　発注者が工事の内容ごとに適切な専門業者を選定する方法のことをいいます。①や②の方法だと、ある程度一括して業者に工事を依頼します。しかし、③の方法であれば、工事の内容ごとに業者を選定することになるので、より強く競争原理を働かせてコストダウンを図ることができます。また、ゼネコンなどで一括して工事を発注すると、中間マージンが発生して費用が割高になってしまいますが、③の方式では発注者が直接にすべての業者と契約を結ぶので、中間マージンの発生を防ぐことができます。ただし、発注者が専門業者を選定することになるので、発注者には工事に関する専門知識が必要になります。

■ 修繕工事の種類と発注方式

修繕工事の種類	大規模な修繕工事
	小規模な修繕工事
修繕工事の発注方式	設計施工一括発注方式
	設計施工分離発注方式（競争入札方式）
	設計施工分離発注方式（CM方式）

 修繕業者を選ぶ際には特定の業者に依頼することになるのでしょうか。

 指名発注ではなく、競争入札や相見積りの方法で業者を選定するようにします。

　実際に発注する際には、指名発注ではなく、競争入札や相見積りをするとよいでしょう。なお、マンションの管理の適正化に関する指針では、工事の発注にあたり、管理組合の利益に反するような発注方法にならないよう、注意が求められています。

　指名発注とは、あらかじめ決めていた1社に発注する方法です。これに対して、競争入札は業者に工事の価格のみを提示してもらい、価格のみを比較して業者を選定する方法です。また、相見積りとは、工事の費用の他に工事の内容についても業者に提示してもらい、それを比較することで工事業者を選定する方法です。

　指名発注は競争原理が働かない中で業者を選定することになり、コストが割高になる危険性があるので避けた方がよいでしょう。そのため、できる限り競争入札や相見積りの方法を用いて業者を選定するようにします。

　価格だけの比較は容易ですが、工事の内容を比較することは専門知識がなければ難しいといえます。しかし、工事の価格が安くてもずさんな工事が行われては元も子もないので、可能であれば工事の内容についても業者ごとに比較した方がよいでしょう。そのため、相見積りの方法を採用した方が、より適切な業者を選定できるといえます。

工事監理にはどんな方式があるのでしょうか。

工事と確認・指導を同じ会社が行うか否かで、責任施行方式と分離方式があります。

　工事に際して、その工事の内容をチェックすることを監理といいます。具体的には、設計図書と照らし合わせてみて、工事が設計図書通りに行われるように確認や指導を行うことを指します。

　工事監理には、分離方式と責任施工方式の2種類があります。分離方式とは、工事の施工を行う会社とは別に監理を行う業者を選ぶことをいいます。責任施工方式とは、工事業者に監理を任せることをいいます。

　責任施工方式だと、同じ会社が工事とそのチェックを行うことになるので、十分な監督を行えない可能性があります。分離方式であれば、工事を行う業者ではない第三者がチェックを行うので、工事に対して十分な監視がなされることになります。

　分離方式は、施工業者の他に監理のための業者を選ぶことになるので、コストが高くなってしまいます。しかし、工事のチェック機能という観点から考えると、分離方式の方が適切です。

　なお、混同しやすい用語として、「工事管理」があります。こちらは施工会社の現場監督（現場代理人）を指し、おもな業務は、工事の工程管理です。立場も担う役割も異なるため、はっきり区別して認識しておく必要があります。

大規模修繕工事には、どんな種類の工事があるのでしょうか。

資産価値の維持等のために、屋上や給排水設備などさまざまな工事を行います。

マンションは時間の経過とともに劣化していきます。たとえば、コンクリートは時間の経過とともに表面にひび割れが生じます。そのため、定期的な修繕工事が必要になります。修繕工事の中でもマンション全体に足場を組む必要があるような大規模な工事のことを大規模修繕といいます。

大規模修繕を行う目的は、マンションの資産価値を維持することにあります。しかし一方で、住民がより快適にマンションで暮らすことができるように、大規模修繕工事が行われるということも認識しておく必要があります。また、大規模な震災等に備えて、耐震診断により構造上の弱点を明らかにして、適切な耐震改修工事を行う機会にもなります。このように重要な大規模修繕については、実際の施工までには長期間の準備が必要になり、とくに大規模修繕の成功の可否は、綿密な修繕計画が組まれているか否かが重要になります。大規模修繕のためにかかる費用は大きく、マンションによっては何千万円という費用が必要になります。そのため、建物の見た目だけではなく、それぞれのマンションの状況に応じて専門家の意見も参考にしながら大規模修繕の必要性を見極める必要があります。

また、工事の安全に配慮することは当然ですが、設置する足場

をつたって外部の人間がマンション内に侵入する危険もあるため、セキュリティへの配慮など、防犯についても注意する必要があります。大規模修繕工事では以下のような工事が行われることになります。

・屋上の防水工事

　屋上で漏水事故が起こるとマンションに悪影響が生じるので、注意する必要があります。

・外壁のタイル

　タイルが浮いてしまっているかどうかについては、目視では確認できないので専門の工具を用いて調査する必要があります。

・給排水設備

　具体的には、配管に対するメンテナンス作業を行うことになります。配管がさびていれば修繕工事を行うことになりますが、その際には既存の配管を再びコーティングする方法と、配管自体を交換してしまう方法のどちらかを選択することになります。

・塗装工事

　塗装工事では、用いる材料によって費用が大きく変わってくるので、材料の質と費用のバランスをとることが大切になります。

■ **大規模修繕工事の目的と具体的な工事内容**

大規模修繕の目的	マンションの資産価値の維持
	快適な住環境作り
大規模修繕工事の工事内容	屋上の防水工事
	外壁のタイル工事
	給排水設備のメンテナンス
	塗装工事

Question 14 マンションの修繕工事を行うにあたり、どんな場合に特別決議が必要になるのでしょうか。

駐車場の大改築など、大規模な修繕工事の場合には特別決議が必要になります。

　現状の建物の状態を大きく変更することがないマンションの修繕工事を行う場合には、普通決議を経る必要があります。マンションの現状を大きく変更するような工事ではなく、そこまで大がかりな工事でない場合には特別決議ではなく普通決議で足ります。

　普通決議により行える工事には、具体的には、階段にスロープや手すりを設置する工事、防犯カメラの設置工事、鉄部の塗装工事、照明設備や消防設備に関する工事、窓枠や窓ガラスの工事などが該当します。普通決議が必要な工事か特別決議が必要な工事かについては、国土交通省が公表している標準管理規約に具体例が示されていますので参考にすることができます。

　現状の建物の状態を著しく変化させるような大規模な修繕工事を行う場合には、集会での特別決議が必要です。

　特別決議とは、区分所有者と議決権の各4分の3以上の賛成が必要となる決議のことです。マンションの所有者に大きな影響を与える事項についての決議を行う場合には、普通決議よりも厳しい特別決議が要求されることになります。特別決議が必要になる大規模な修繕工事とは、具体的には、建物に新たにエレベーターを設置したり、駐車場を大きく改築する工事などが該当します。

長期修繕計画を上手に立てるためには、どんな点に注意すればよいのでしょうか。

劣化の予測をもとに修繕積立金の額を含め柔軟に計画を見直していくことが必要です。

　長期修繕計画は、マンションの管理会社の意向に沿って作成されることがあります。管理会社の利益を図ることを目的として、なるべく多くの工事予定を組み込んだ計画が作成されることもあります。こうした長期修繕計画がそのまま実行されてしまうと、修繕費用を支出するマンションの所有者の負担が大きくなるという問題点があります。

　長期修繕計画は、マンションの修繕をする際の指針となるものですが、実際に工事を行う際には専門家の意見を求めて、工事が本当に必要かどうかを見極める必要があります。

●まず劣化についての建物診断をする

　マンションの分譲時には、分譲会社が長期修繕計画を作ります。しかし、実際にはその計画通りに修繕が行えるわけではなく、状況の変化に応じて計画を作り変えることが必要です。通常は、長期修繕計画の見直しは5年ごとに行います。

　長期修繕計画の見直しの際には、まずは劣化についての建物の診断を行います。その際には、建物に劣化している部分があるか、劣化している部分がある場合にはその部分を修繕する必要があるか、修繕する必要がある場合、どのような方法による修繕が最善か、修繕費用はいくらかかるかといったことを見極めます。

長期修繕計画を作成しても、実際のマンションの劣化が当初の予想の通りに進行するとは限りません。長期修繕計画の通りに修繕しても不足することもありますし、逆に劣化が予想よりも進行せず、予定していた修繕が不要になることもあります。また、時間の経過とともに建物を取り巻く法律等も変わることがあります。そのため、定期的に長期修繕計画を見直すことが必要です。

●**長期修繕計画と修繕積立金**

　毎月の修繕積立金の額は長期修繕計画に基づいて決まります。長期修繕計画に基づいて決められる積立金の額は、当初予定されている修繕費用よりも高めに設定されます。予期していない災害によってマンションの修繕が必要になることがあるので、そのような事態に備えておくためです。修繕積立金を低く設定した状態で、当初予期していなかった修繕費用が必要になった場合には、臨時の一時金を集める必要があります。

　長期修繕計画の見直しの際に、修繕積立金の額の見直しも行います。当初の計画に比べて修繕費用がかかると予想できる場合は、あらかじめ修繕積立金の額を引き上げるなどの対策をとります。

　通常、管理会社が作成する長期修繕計画は、管理会社が保有している計画書のフォーマットをもとに作成されています。そのため、個々のマンションの実態に則した修繕計画になっているというわけではありません。そのため、個々のマンションの状況にあった計画書を作成する必要があります。

　また、計画書を作成する際には、専門家の意見を参考にすることも必要です。第三者である専門家に意見を求め、マンションの住民の立場に立って修繕計画の作成を補助してもらいます。専門家に依頼すると費用がかかりますが、それ以上に有益な情報が得られることが多く、結果的には専門家に依頼した方がよりよい計画書を作成することにつながります。

 修繕の要否はマンションの管理業者に判断してもらえばよいのでしょうか。

 管理会社とは異なる業者の建築診断により、要否を判断します。

　修繕が必要かどうかを判断するために、業者に建物診断を依頼する必要があります。この建物診断を行う業者は慎重に選定する必要があります。診断を行う業者は、建物がどの程度傷んでいるのか調査を行い、写真つきの報告書と予算書を提出します。

　まず、マンションの分譲会社や、関連会社は避けるようにします。マンションに修繕が必要であることが判明しても、マンションが劣化したことの責任を逃れるために、修繕が必要であるという事実を積極的に示さない可能性があるからです。

　また、マンションの管理会社も避けるようにします。管理会社は分譲会社と関係が深いケースが多く、マンションの分譲会社と同じように修繕の必要性を示さない可能性があるからです。

　実際の修繕工事を依頼する会社は、建築診断を依頼する会社とは別にします。両方とも同じ会社に依頼してしまうと、その会社は多くの工事を請け負うために、建物診断の際に劣化していない部分についても修繕が必要であると判断する可能性があります。

　なお、マンションの管理の適正化に関する指針でも、工事の発注にあたり、管理組合の利益に反するような発注を防ぐ必要があると示されています。

 積立金や借入れについて管理規約で定める場合に、どんな点に注意すればよいのでしょうか。

 用途や管理方法を明確にし、借入れの際には総会決議を得ておく必要があります。

　修繕計画を立てる際には、積立金と借入れに関する事項を管理規約で定めておくことが必要です。とくに、借入れはマンションの住人全員に関わる重大事項です。実際に借入れを行う前に、十分な検討を求める規約を作成しておきましょう。

　注意すべき点としては、まず、借入れを行う場合には区分所有者の理解が得られるよう、その必要性と金額の上限を明らかにすることが挙げられます。たとえば、「借入れは修繕積立金の不足分を補てんする目的においてのみ行うことができる」といった文言を盛り込みます。また、別の用途で使用しないよう、制限を設けておくことも重要です。

　次に、借入れの窓口となるのは管理組合でも、実際に返済するのは区分所有者全員であることを認識しておく必要があります。修繕積立金などの運用が管理組合に一任されている場合でも、借入れにあたっては総会を開いて決議を得る必要があるでしょう。

　そして、借入金をスムーズに返済するため、管理方法を規約で明確にしておく必要があります。とくに返済金をどこから捻出するか（修繕管理費を充当するか別途徴収するかなど）、帳簿管理をどうするか（別会計を立てて収支を明確にするなど）などを規定しておくことが必要です。

棟別の修繕積立金から支出すべき各棟一斉修繕の費用を全体修繕積立金から支出するという総会決議が可決した場合、どのようになるのでしょうか。

後に棟別の修繕積立金から振り替えることで、規約違反を解消できます。

　一般的な団地の管理規約では、各棟固有の共有部分の修繕費は棟別の修繕積立金から支払うように定められています。

　しかし、仮に今回の支出について、全体の修繕積立金から支出する総会の承認を得て、すでに支払いもすんでしまっている場合には、取り消すことができません。しかし、規約に違反した支出ですので、本来の財源だった各棟修繕積立金から全体修繕積立金に資金を振り替える形で事後承認を得ます。つまり、全体積立金から立て替えた形にするのです。

　事後承認の他にも、規約を改正してしまうという方法もあります。①全体と各棟との修繕積立金の区別をなくすという改正と、②全体修繕積立金から各棟一斉修繕の費用も支出できるようにするという改正を行うことが考えられます。

　いずれの場合も、改正した規約の規定が、さかのぼって適用されるように明記しておくとよいでしょう。そうしておくことで、今回の支出は、さかのぼって規約違反だとはいえなくなり、事後承認を得る必要がなくなります。ただ、①の方法では棟ごとの公平性が保てなくなります。また、②の方法では今後全体修繕積立金が不足してくる恐れがあります。支出項目の誤りを規約改正で乗り切るというのは、極力避けるべきです。

各住戸の床下も含めた配水管の取替え工事を行いたいのですが、管理組合が、居住者の住戸に立ち入る工事を行うことは可能なのでしょうか。

実務上は住戸の床や壁の奥の配水管は共用部分にあたり、立入工事が可能です。

　区分所有法6条2項によると、専有部分又は共用部分の保存や改良に必要な場合、区分所有者は専有部分への他人の立入りを認めなければなりません。また、30条1項によると、管理組合は専有部分の管理についても、必要に応じて規約で定めることができると規定されています。

　これらの条文を総合して考えると、管理規約に組合の立入権の規定があれば、配水管工事のための専有部分への立入りが可能です。なお、標準管理規約によると、災害時等には、緊急措置として工事が必要な場合には、専有部分への立入りが認められます。

　床下の配水管が専有部分に該当するかどうかについては、諸説があります。学説や実務上では「上塗り説」が主流です。この説では、天井や壁、床そのものは専有部分ではなく、それに接しているクロス張り、床板などが専有部分だと捉えています。上塗り説で考えると、各住戸内の、たとえば洗面所や流し台にある配水管（枝管）は専有部分です。一方、床や壁の奥にある配水管（主管）は共用部分になります。ただ、主管と枝管は一体ですから、両者を形式的に区別するのは現実的ではありません。そこで、配水管については共用部分か専有部分かにかかわらず、管理組合が点検・補修できる旨の規約を定めておくとよいでしょう。

地震や火災などの緊急時には、理事長や理事会はどんな対応をとることができるのでしょうか。

理事会で緊急工事の実施を決議でき、理事長は各住戸に立ち入ることが可能です。

　分譲マンションにおいて、地震や火災などの被害を受けたために、緊急でマンションの補修等が必要になる場合があります。時間的に切迫しているにもかかわらず、管理組合の意見がまとまらなければ対応できないのであれば、結局のところ、住民を危険にさらすことになってしまいます。

　マンション標準管理規約においては、災害等により管理組合の総会開催が困難である場合に、理事会が応急的な修繕工事の実施等を決議できると定めています。応急的な修繕工事には、給水・排水、電気、ガス、通信といったライフラインなどの確保や、エレベーター設備等の更新・耐震補強などが含まれます。また、応急的な修繕工事の実施にも、当然のことながら費用が必要になりますが、これについても理事会が、資金の借入れ・修繕積立金の取崩しについて決議することができると規定されています。

　また、迅速な対応が要求される地震・火災時等に、理事長は、各住戸の専有部分等に、立ち入ることが認められる場合があります。標準管理規約で立入りが認められるのは、災害時等の緊急工事に伴って必要な場合や、専有部分の大規模な水漏れが生じた場合など、放置してしまうと他の専有部分やマンション全体に重大な影響を与えるおそれがある場合に限られています。

全棟一斉修繕工事について、建物外壁工事と手すりの塗装工事の決議を一括して採択したいのですが、可能でしょうか。

2種類の工事を一つの大規模な工事ととらえると、一括採択をすることが可能です。

　区分所有法17条に、共用部分の変更についての規定があります。これによると、形状や効用に著しい変更を伴う変更工事の場合は、区分所有者と議決権の各4分の3以上の特別多数の決議が必要であると規定されています。これに対して、形状や効用に著しい変更を伴わない場合は、区分所有者と議決権の各過半数の決議（普通決議）でかまいません。

　外壁の塗装は、外壁の劣化を防ぎ、安全性と美しさを保つための工事です。一般的には、形状や効用を著しく変更する工事にはあてはまりません。また、手すり部分の塗装は、鉄の部分の劣化を防止するための工事です。こちらも、形状や効用に大きな変更をもたらす工事だとはいえません。そのため、塗装工事については、普通決議で決めることができます。

　2種類の工事を別の時期に行うのであれば、それぞれに対して過半数の賛成決議を得るのが原則です。ただ、一度の機会を利用して、長期修繕計画に基づく一斉修繕の中で2種類の工事を行おうとする場合、決議を一括して採択できれば非常に効率的であるといえます。そのため、一斉修繕の工事全体を、1つの大きな工事だととらえ、外壁塗装と手すりの塗装について、1つの総会決議ですませることが可能です。

管理組合の理事長が、修繕積立金の運用方法を変更して、証券会社の商品に出資することは可能なのでしょうか。

他の組合員にとって、重要な事項ですので、総会での過半数決議が必要になります。

　マンションの管理費と修繕積立金は、きちんと分けて管理するべきものです（マンション標準管理規約27、28条）。とりわけ、修繕積立金は、長期にわたって適切に運用することが求められます。その運用方法を変更するということは、管理組合員の共同の利益に関する重大な事項です。

　理事長は組合業務において、他の組合員を代表することができますが、このような重大な事項について、独断で決定することは認められません。総会での過半数の決議を経て、決定することが必要です。

　修繕積立金の運用方法を決める際に最重要となるのは、元本が保証されているかどうかです。長期にわたる修繕計画に必要な資金ですから、目先の利率にばかりとらわれず、確実な商品を選ぶようにするべきです。株式投資などは避けた方がよいでしょう。

　また、運用商品の特色や内容も確認しておきましょう。たとえば、一時払い養老保険の運用を検討している場合には、組合員の誰かを被保険者にしなければなりません。そういった点も考慮して検討します。運用した修繕積立金を、必要なときに取り崩せるかどうかも重要です。商品によっては中途解約ができなかったり、高額な手数料を求められたりするものもあります。

長期修繕計画を見直したところ、修繕積立金が不足することが判明した場合、住民から徴収することは可能なのでしょうか。

高い金額を一括徴収せず、総会決議を経て修繕積立金を値上げして調達しましょう。

　当初予定していた修繕積立金では足りなくなるということは、よくあることです。たとえば、販売時の修繕積立金が、1回目の修繕工事を念頭に置いていても、2回目以降の修繕までは想定しておらず、資金が不足するということが起こり得ます。修繕するごとに組合員から費用を徴収するのも、資金不足解消には有効です。ただ、かなりまとまった金額になるため、組合員の反発も当然起こり得ます。そうなる前に、修繕積立金を値上げする方がよいでしょう。

　毎月集める修繕積立金を値上げするためには、総会での決議が必要です。一度にまとめて金額の値上げを決める場合であれば、総会の決議は当然一度だけでかまいません。また、毎年段階的に引き上げていく場合であっても一度だけの決議で足ります。年ごとに決議が必要だというわけではありません。

　修繕費を一度に値上げすることも、段階的に値上げすることも、修繕費の変更であることに変わりはありません。値上げ金額、値上げ時期、値上げの方法について、きちんと明示した上で、総会の決議が得られればよいのです。段階的に引き上げる場合、たとえば「次年度より10年間で毎年1000円ずつ引き上げる」といった値上げ内容を、明示した上で決議すれば問題ありません。

段階的値上げの場合、当初は値上げを了承したものの、翌年度以降に反対する組合員が出てくることも予想されます。その場合には、その時に、総会で段階的値上げの撤回や、金額を変更する決議をとることが可能です。一度決めると絶対に変更ができないわけではありません。

　しかし、時間の経過とともに建物の劣化は進行していきます。費用が足りないことを理由に修繕を先送りにしていると、建物の劣化が進行してしまい、かえって修繕にかかる費用が大きくなってしまいます。また、建物の劣化が原因で事故が発生すると、被害者に対する損害賠償が必要になります。そのため、修繕積立金の値上げに反発する組合員もいるかとは思いますが、値上げを理解してもらうために説得することが必要です。

●徴収以外の方法

　修繕費用の調達方法は修繕積立金の徴収しかないというわけではありません。住宅金融支援機構や地方自治体から融資を受けるという方法もあります。緊急にマンションの修繕をする必要がある場合には、修繕費用の融資を受けることも検討します。

　早い段階で修繕の必要性が判明していれば、修繕に必要な費用を調達する時間を確保できます。長期修繕計画の見直しを行う際には、修繕費用の調達方法についても検討し、修繕が必要になった時に備えるようにします。

■ 修繕積立金の不足分の調達方法

修繕積立金の不足
- **不足分を住民から徴収**
  ⇒ 反発をうける可能性がある
- **修繕積立金の値上げ**
  ⇒ 総会決議が必要

住民から修繕計画の状況などについて情報開示を求められた場合、応じなければならないのでしょうか。

住民の開示請求に対して、理事長は必要書類の開示に応じなければなりません。

　マンションの快適な環境を維持して、マンションの資産価値を維持するためには、年月を経過するとともに適切な修繕工事が行われることが不可欠です。そのためには、長期を見据えた綿密な修繕計画が作成されなければなりません。また、とくに大規模な修繕工事には、必要な費用も高額になるため、正確な修繕積立金の金額が設定される必要があります。そして、修繕積立金の金額は、直接的に住民にとって関係が深い事項といえるため、修繕計画の内容は、住民が求めた場合には、開示されなければなりません。また、実際に行われた修繕工事の経過等についても、必要に応じて住民等に開示されるしくみを整えておく必要があります。

　マンション標準管理規約では、理事長に対して、長期修繕計画書、設計図書・修繕等の履歴情報を保管する義務を課しています。保管の程度は、閲覧することで内容が把握できる程度に、しっかり必要書類を保存しておかなければならず、理事長の不十分な管理のために、書類が紛失した場合には、理事長自らが費用を負担して、書類等を再作成しなければならないと考えられています。そして標準管理規約によると、マンションの住民など組合員等が、閲覧を望む理由を記載した書面により、開示を請求した場合には、理事長は必要書類を閲覧させなければなりません。

入居者の高齢化も視野に入れ、マンション設備のバリアフリー化を検討しているのですが、気をつけるべきことはありますか。

早期から長期修繕計画にバリアフリー化を組み込み、コストを抑える必要があります。

　バリアフリー化のためにマンションを改修する場合は、早期から長期修繕計画にバリアフリー化を組み込んでおきます。長期的に計画してバリアフリー化を進めることで、改修のための資金を確実に集めることができます。また、その他のマンション改修工事をバリアフリー化と同時に行うことで、費用を抑えて必要な工事を一回で済ませることができます。

　バリアフリー化を進めるべき場所として、まずは、廊下や階段に手すりを設置することです。車いすの人でも行動しやすいように、エレベーターホールは一定の広さを確保します。また、段差がある場所にはスロープを設置します。可能であれば、床や階段の表面は、水にぬれてもすべりにくくなるような加工を施します。なお、廊下の蛍光灯を明るくするなど、それほど費用がかからずに進めることができるバリアフリー化もあります。また、掲示板などの文字を大きくして高齢者に読みやすくすることもバリアフリー化の一種です。今は不要であっても、今後万が一の時のケガ子どもの誕生、年をとるなどのライフステージの変化を予測して、計画を立てる必要があります。

　近年では、バリアフリー対応かどうかがマンションの価値を決める一つの要素となっていますので、前向きに検討してみましょう。

建替えと復旧はどう違うのでしょうか。

建替えは新しく建築すること、復旧は滅失した部分を元の状態に戻すことです。

復旧とは、災害や事故によってマンションの一部が滅失してしまった場合に、滅失した部分を元の状態に戻すことです。滅失した部分の価格がマンション全体の2分の1以下の場合は、総会の普通決議（区分所有者と議決権の各過半数による決議）によって復旧を行うことができます。これに対して、滅失部分が2分の1を超える場合は、総会の特別決議（区分所有者と議決権の各4分の3以上の多数による決議）が必要です。

建替えとは、修繕では改善できない場合にマンションを取壊して新しい建物を建築することです。建替えを行うためには、総会で区分所有者と議決権の各5分の4以上の賛成が必要です。

■ 建替えと復旧

		注意点
建替え		老朽化・災害によりマンションを建て替えること 区分所有者及び議決権の各5分の4の賛成が必要 建替えに賛成しない者は敷地利用権を売り渡すことができる
復旧	小規模復旧	マンションの価格の2分の1以下に相当する部分の滅失 専用部分については区分所有者は各自で復旧工事ができる
	大規模復旧	マンションの価格の2分の1を超える部分の滅失 滅失した共用部分を復旧する旨の特別決議が必要になる

建替えにかかる費用の調達方法について知っておくべきことはあるのでしょうか。

建替え後の総戸数を増やすことで費用の一部を調達できる可能性もあります。

　どのようなマンションも、老朽化が進むことで、大規模な修繕工事を行うか、あるいは建替え工事を行う必要が出てきます。通常は、築30年以上のマンションであれば、修繕や建替えの検討が必要になります。

　マンションが老朽化して建替えをしたいと考えた場合でも、常に建替え手続きが進行するとは限りません。

　マンションの建替えに反対するマンション所有者が多くいて、所有者の権利を買い取るための資金を用意することができなければ、マンションの建替えを進めることはできません。また、そもそも建替え工事のための費用を調達できなければ、マンションの建替えは断念せざるを得ません。

　ただし、費用の問題については、いくつか解決策があります。たとえば、建替え後のマンションの総戸数を増やすことができるのであれば、増加分の住戸を分譲会社に提供することで、マンション建替えのための資金を調達することができます。また、一定の場合には、国や自治体の補助制度を利用することができます。

　マンションの老朽化が進んでいる場合には、修繕や建替えが必要不可欠となります。そのため、さまざまな角度から修繕や建替え工事の検討を行うことが必要です。

マンションの建替え手続きはどのように進めていけばよいのでしょうか。

集会を招集し、区分所有者と議決権の各5分の4以上の賛成を得ることが必要です。

建替えを検討する場合、まず区分所有者の意思確認のための集会を招集します。招集の通知には集会の開催日・場所・目的の他、①建替えを必要とする理由、②建替えをしない場合の修繕にかかる費用とその内訳、③建物の修繕に関する計画がある場合にはその計画内容、④修繕積立金の金額、を記載し、集会開催日の少なくとも2か月前までに発信しなければなりません。次に、集会開催日の1か月前までに建替えについての説明会を開くことが義務付けられています。説明会の通知は、開催日の1週間前までに発信します。これらの段階を経て、建替えを決議する集会を開くことができます。

集会で、区分所有者と議決権の各5分の4以上の賛成があれば建替えが承認されたものとみなされます。建替え決議では、①新たに建築する建物（再建建物）の設計概要、②建替えにかかる費用、③費用の分担、④再建建物に対する区分所有者の権利内容、を決めておく必要があります。さらに、建替え決議に反対する者に対し、建替えに参加するかどうかを回答するように文書で求め、参加しないのであれば時価で決議に賛成した区分所有者などに売り渡すよう請求します。これらの準備が整えば、建替え工事に向けて動き出すことができます。

● 建替えか修繕かの判断

　老朽化の進んだマンションでは、建替えか修繕かの判断が難しく、なかなか結論が出せないということも多いでしょう。国土交通省は、「マンションの建替えか修繕かを判断するためのマニュアル」を公表しています。それによると、おおよそ次のような流れで建替えか修繕かを判断すべきであるとされています。

　まず、そのマンションの老朽化がどの程度進んでいるのかということと、区分所有者にどのような不満やニーズがあるのかということを正確に把握することが大切です。その上で、区分所有者の多数意見としてどの程度の改善を望んでいるのかという「改善水準」を設定します。そして、その改善水準を修繕によってクリアする場合と建替えによってクリアする場合とで、①どちらの方が改善効果が高いのか、②どちらの方が費用がかからずにすむのかといった観点から総合的に比較検討を行います。

　マンションの建替えとなると相当な費用がかかることになりますから、区分所有者の全員がそろって建替えに賛成するということはあまりないでしょう。反対者の意見にも十分に配慮して、「なぜ建替えが必要なのか」を皆が納得できるような形で示せるかどうか、がポイントになります。

■ **マンション建替えの流れ**

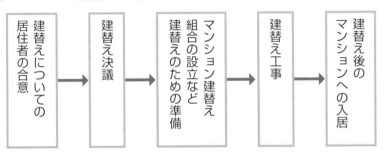

マンションの建替えに反対したい場合、どのような方法により反対を主張すればよいのでしょうか。

5分の1を超える人数を集めると反対の主張ができ、決議後は所有権の買取請求が可能です。

　マンションの建替えについては、区分所有者と議決権のそれぞれ5分の4以上の賛成多数が必要とされているので、建替えを阻止するには、他の区分所有者に働きかけたり賛成派を説得するなどによって、建替えに反対する者を5分の1を超える数だけ集めなければなりません。

　5分の1を超える反対者を集めることができずに、決議によって多数決で建替えが決まった場合、この決議の議事録には、各区分所有者が賛成したか反対したかについて記載されますから、明確に建替え反対を主張し、その旨を記載してもらいます。

　さらに、決議後、反対者には建替えに参加するかどうかの回答を求める書面が届きます。この書面に対して2か月以内に「参加する」旨の回答をしなかった場合は、マンション建替えには「参加しない」と回答したことになります。

● 権利を買い取ることができる

　マンションの建替えのために措置を講じることを規定した法律として、マンション建替え円滑化法があります。

　区分所有法に基づくマンションの建替えが決議され、さらにマンション所有者のうち一定数の賛成を得た場合には、マンション

建替え円滑化法に基づき建替え組合法人を設立できます。法人の設立ができると、個人ではなく法人として契約の締結や資金の調達ができるので、マンション建替えのための活動が行いやすくなります。

　また、マンション建替えに反対するマンション所有者の所有権を、建替え組合が買い取ることが、マンション建替え円滑化法により認められました。つまり、建替えに反対する区分所有権や敷地利用権を時価で売り渡すように請求できます。これにより、マンションの建替えに反対する者がいても、その者のマンションの所有権を買い取ることで建替えを進めることができます。買取り請求があった場合、自動的に売買契約が成立し、代金の支払と引換えに建物を引き渡さなければなりません。

　なお、以前は、建替えのためにマンションの取り壊しを行うと、一時的にマンションの区分所有権が消滅するしくみになっていました。しかし、マンション建替え円滑化法の成立後は、権利変換計画を作成すれば、建替え前のマンションに対する権利を建替え後のマンションに移行することが可能になりました。権利変換を行うと、「区分所有権に設定した抵当権が建替えに伴って消滅してしまい、住民がローン残金を金融機関に支払わなければならなくなる」といった事態を回避することができます。

■ 住民が建替えに反対する場合

5分の1を超える反対者を集める⇒反対の主張が可能
　⇒ 決議後は、建替え参加の有無に関する書類を2か月以内に返答しなければ、参加しない意思の表明になる

権利の買取りを請求することができる

今度マンションの耐震強度確認検査を行うようなのですが、耐震性が足りなかった場合どんな手段がとれるのでしょうか。

修繕・建替えの他に、マンション敷地売却制度を利用することが可能です。

　マンションの耐震強度を確認した結果、耐震性が十分ではないという場合があります。このままでは、住民が安心して居住することができないため、マンション住民としては、従来通りの方法としては、修繕又は建替えという方法を採ることが考えられます。

　修繕に関しては、比較的大規模な工事などであっても、区分所有者及び議決権の過半数の賛成を得ることで、行うことができます。また、区分所有者及び議決権の5分の4以上が賛成した場合には、マンションの建替えを行うことが可能です。

　修繕や建替えが適切に行われれば、耐震強度不足を解消することが可能です。しかし、区分所有者が、修繕・建替えにあたり多大な費用を負担しなければならず、適切な修繕や建替えが行われてこなかったという経緯があります。

　そこで、大型地震の発生の可能性があるわが国では、生命・身体を保護するために、マンションの耐震性不足を解消することが緊急の課題になっていることを踏まえ、マンションの建替えの円滑化等に関する法律（マンション建替法）により、マンション敷地売却制度が認められています。大規模な修繕や建替えが期待できない場合の選択肢として期待されています。敷地売却制度は基本的に、住民がマンションの敷地を第三者（買受人）に売却し、

買受人がその敷地に、新たにマンションを建設する制度です。買受人が新たに建設したマンションに、従来の住民も入居可能ですが、他の住宅へ移り住むことも可能であるため、新たなマンションの建設にあたり、住民が費用負担をしなくてよいというメリットがあります。

　もっとも、マンション敷地売却制度の対象になるマンションは、耐震診断によって、耐震性不足が認定されたマンションに限られます。そして、耐震性不足の認定を受けた後に、区分所有者の5分の4以上の賛成によって、マンション敷地売却決議を行い、マンションの建物と敷地の権利を一括で売却します。以前からマンションの一括売却は可能でしたが、区分所有の基本法である民法の原則では、マンションの住民全員が合意していなければならず、それは実際には困難でした。

　しかし、マンション敷地売却制度は、適切な買受人が現れることが前提になっています。敷地を購入した買受人が新たなマンションを建設しやすいように、特定行政庁（都道府県知事又は建築主事を置く市町村の長）の許可を得ることで容積率の制限が緩和される場合があり、耐震性不足のマンション解消に向けて、支援する制度が整えられています。

■ 敷地売却制度の手続き

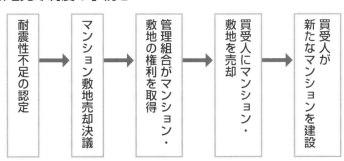

耐震性不足の認定 → マンション敷地売却決議 → 管理組合がマンション・敷地の権利を取得 → 買受人にマンション・敷地を売却 → 買受人が新たなマンションを建設

建物の復旧手続きはどのように進めていくことになるのでしょうか。

法律上は、被害が建物の価格の2分の1を超えるかどうかで手続きが異なります。

　区分所有法では、災害などにより被害を受けた箇所が建物の価格の2分の1以下（不動産鑑定士に時価の算定を依頼するなどして調べます）であれば、各区分所有者の判断で復旧することができるとされています。この場合、共用部分の復旧費用については、他の区分所有者に持分の割合に応じた負担を求めることができます。ただ、復旧について管理規約で「総会の決議が必要」と規定されているのであれば、復旧に入る前にまず総会を開かなければなりません。ここで、普通決議（区分所有者と議決権の各過半数）を得ることができれば、復旧に入ることができます。この時、反対者は決議に従わなければなりません。

　一方、被害が建物の価格の2分の1を超える場合は、必ず総会を開いて共用部分の復旧の是非を問わなければなりません。決議には、区分所有者と議決権の各4分の3以上の賛成が必要です。復旧に賛成しなかった人（反対者と棄権者）には以降、理解を求めていくことになりますが、復旧にどうしても賛成できない場合、反対者と棄権者は、専有部分と敷地利用権を時価で買い取ってもらうように、賛成者に対して請求することができます。

　なお、専有部分については、各区分所有者が自己負担で自由に復旧することができます。

第7章

専有部分・共用部分・敷地の使用を管理するノウハウ

共用部分の管理・修繕にはどんな業務があり、誰が行うのがよいのでしょうか。

清掃や維持管理等の業務があり、管理会社に委託することも多いようです。

共用部分を快適な状態に維持するためには管理が不可欠です。管理業務は大別すると、①清掃、②維持管理、③保安管理、④事務処理などがあります。①清掃には、玄関ホールや廊下の掃除をはじめ、側溝や配管、貯水タンクといった付属設備の清掃も含まれます。②維持管理には、エレベーターや冷暖房設備の保守点検、電灯の交換、ガラスや集合ポストなどの破損の補修などが考えられます。③保安管理としては、駐車場・駐輪場の盗難防止や不審者進入の防止対策、④事務処理には、管理費や組合費、修繕積立金といった金銭の出納事務、マンション全体の保険契約や対外折衝などがあります。

管理業務を誰が行うかは、所有者である住民自身が決めることです。住民が管理を行えば余計な費用がかかりません。ただ、管理業務にはそれなりの時間と労力が必要です。住民の事情によっては、一部の人に負担がかかる可能性があるので、費用を分担して管理業者に委託するというのも一つの方法でしょう。

なお、購入時に分譲業者の指定した管理会社と管理業務の委託契約を結ぶ場合があります。この場合、委託費用を一方的に決められ、共用部分の管理状況の把握が難しいおそれがあります。管理会社の管理業務に不満がある場合には変更が可能です。

区分所有者の共用部分に対する権利として、どんな内容が認められているのでしょうか。

マンションの種類で異なりますが、使用・維持・管理を行う権利が認められます。

　共用部分には、法定共用部分と規約共用部分があります。法定共用部分は、法的にも共用部分としての権利が認められていますが、倉庫や車庫など、独立した不動産として扱うことができる部分に対して、区分所有者がどのような権利を持つかについては、マンションごとに違います。種類としては、①区分所有者全員の共用部分とする、②独立の不動産として個別に所有権登記する、③賃貸借契約を結んで使用する、などの形があります。

　①のように便宜上共用とした方が都合がよい設備である場合、管理組合の規約や売買契約の中で共用部分とされることがあります。この場合、使用はもちろん維持管理も共同で行います。なお、特定の者に専用使用権を認めることもできます。また、②の独立の不動産として扱う場合、販売業者と譲渡契約を結んで所有権移転登記をし、正式な所有権者になります。

　③の賃貸借契約の場合は、販売業者などが所有権をもち、利用者と賃貸借契約を結び賃料や管理費をとるという形をとります。

　このように、区分所有者が所有権を持たない場合もあるため、登記簿や売買契約書などを確認し、権利関係を把握しましょう。

● 専有部分と共用部分の修繕

　分譲マンションの場合、専有部分の修繕や改装は、共用部分や

他の占有部分に影響を与える場合には、理事長の許可を受ける必要がありますが、区分所有者が自由に行うことができるのが原則です。修繕や改装に際して、他の居住者の専有部分やマンション全体の共用部分の使用を妨げることはできませんが、修繕や改装に必要と認められる範囲であれば、修繕や改装を行う区分所有者は、他の区分所有者の専有部分や共用部分に立ち入らせてもらうよう請求することができます。

●専有部分・共用部分と使用・収益

設備が専有部分か共用部分かどうかで、設備を使用できる権利者が異なります。たとえば、マンションの駐車場部分をマンションの分譲業者が使用している場合、駐車場部分が共用部分にあたるとすれば、分譲業者は権利もないのに駐車場を独占使用していることになります。逆に、駐車場部分が専有部分で、かつ分譲業者の専有部分であった場合、駐車場の所有者は分譲業者です。専有部分と共用部分は、該当する部分が建物として構造上独立しているか、あるいは部屋が構造上外気と分断されているか、建物としての用途性を備えているか、などを基準に区別します。

また、登記簿で所有者を確認するという方法もあるため、登記所（法務局）で調べて判断するとよいでしょう。

■ 分譲マンションの専用部分と共用部分

	種類	具体例
建物	専有部分	各住民が住む部屋
	共用部分	玄関ホール、エレベーターホール、外壁、廊下、バルコニーなど
付属設備・施設	共用部分	電気設備、ガスの配管、エレベーター設備、管理人室

※専有部分は各部屋の持ち主（区分所有者）が自分で管理
※共用部分は区分所有者が共有する財産として、区分所有者が共同で管理

専有部分を修繕するときには、理事会への報告など一定の手続きが必要になるのでしょうか。

他の専有部分や共有部分に影響がある場合に限り、理事長の承認が必要です。

　マンションの住民は、区分所有権として、マンションの建物の部分を所有します。これを専有部分といいますが、専有部分の修繕が必要になった場合には、原則として自由に修繕を行うことができます。区分所有法において、区分所有者は、専有部分等を保存・改良するために必要な範囲内で、他の区分所有者の専有部分や自己の所有ではない共用部分の使用を請求できると規定しています。もっとも、マンション標準管理規約においては、専有部分の修繕等に対して、あらかじめ理事長の承認が必要になる場合があることが定められています。理事長の承認が必要になる修繕工事とは、共用部分又は他の専有部分に影響を与えるおそれがある工事をいいます。工事の具体例としては、ユニットバスの設置、主要構造部に直接取り付けるエアコンの設置、配管等の枝管の取付け・取替え、間取りの変更などが挙げられます。もっとも、前述のように、専有部分の修繕は、原則として自由に行うことができる工事ですので、承認の判断をする際には、過度な規制にならないように留意する必要があります。

　なお、標準管理規約では、承認が必要な修繕工事について、承認の請求先は理事長であるとされていますが、承認の有無に関しては理事会の決議が必要になります。

Question 4 天井の上にある配水管から水が漏れているようで、被害を受けているのですが、この場合、誰に責任を求めればよいのでしょうか。

水漏れの原因によって上階の住人、管理組合、業者など、請求先が異なります。

　専有部分からの水漏れであれば、上階の住人に対して責任を求めます。区分所有法でも、マンションの区分所有者は、所有する専有部分や共用部分を保存・改良するために必要な範囲で他の区分所有者の専有部分・共用部分の使用を請求できると定めています。本ケースの場合、漏水の原因をつきとめなければ根本的な解決にはならないため、マンションの管理人の協力を得ながら立ち入りを申し出るとよいでしょう。拒否された場合、拒否により生じた損害について損害賠償を請求することができます。

　一方、原因が共用部分の配水管からの異常である場合や突き止められなかった場合は、区分所有者全員で責任を負うことになるため、管理組合に対して賠償費用の支払いを請求します。

　区分所有法の規定によると、欠陥の在処が不明な場合は、共用部分にあると推定されます。この規定は、欠陥の生じている部分が不明な場合にも適用されます。売主や工事業者に過失がある場合、被害者に賠償した者がさらに業者に対して損害賠償を請求できますし、被害者から業者に直接、損害賠償を請求することも可能です。

　なお、原則として管理会社の責任はありませんが、管理会社が適切な処置をとっていなかった場合にはその限りではありません。

Question 5
マンションの共用部分「ちびっこ広場」を改築して駐車場を増設することも可能でしょうか。

可能ですが、区分所有者及び議決権の各4分の3以上の多数の賛成が必要です。

　共用部分の変更なので、アンケートなどで管理組合員の意見を集め、必要性を確認します。その後、総会の決議を経て決定します。形状や効用に著しい変更を伴う改良工事には、原則として、区分所有者と議決権の各4分の3以上の多数による特別決議が必要です。区分所有法17条に、その旨が規定されています。子ども用の広場を駐車場に改築することは、効用も形状も著しく変わることになります。改築を実施するためには、集会で特別多数の賛成が必要になります。管理規約に「ちびっこ広場」の設置が規定されていることも考えられます。その場合は、規約自体も変更しなければなりません。規約の変更や廃止も、区分所有者及び議決権の各4分の3以上の多数による集会の決議が必要です。

　共用部分の変更も、規約の変更も、特定の区分所有者の権利に影響を及ぼす場合があります。改築や、規約変更により影響を受ける人がいるのであれば、その人から承諾を得なければなりません（区分所有法17条2項）。たとえば、広場を駐車場にすることで、騒音の影響を受ける住人がいるとします。その場合、影響を受ける住人から改築の許可を得なければならないのが原則です。

　ただ、改築の必要性が高いと認められれば、影響を受ける住人の承諾はなくてもかまわないというのが判例の傾向です。

ベランダの隣戸との境界にある隔て板が破損したのですが、破損の原因はわかりません。このような場合、誰が修理費を負担すべきでしょうか。

原則破損者が責任を負いますが、緊急事情による破損の場合には組合が負担します。

　隔て板が「マンション全体の共有物」か「使用する隣戸同士の共有物」あるいは「区分所有者の専有部分に属する」かによって解釈が変わるのですが、一般的にはマンション全体の共有物と考えられています。

　まず、破損の原因が老朽化である場合、外壁など他の共用部分と同様、修理費は原則として管理組合が徴収している管理費などから支出しなければなりません。一方、子どもが隔て板をけるなど、使用方法に問題があって破損した場合、他人の財産に損害を与えたわけですから民法709条の不法行為にあたり、破損した者（子どもである場合は原則として親）が生じた損害を賠償しなければなりません。破損原因が故意であっても、過失であっても同様です。

　ただ、隔て板には緊急時の脱出経路としての役割があります。強盗の侵入など緊急事態が発生し、隔て板を破壊して隣家に避難したというような場合には、やはり破損した者に責任を問うことはできません。これらの場合は、管理組合が修理の費用を負担することになります。このように、破損の原因によって修理費を負担すべき者が変わってきますので、専門家の診断などを受けて原因を調べてみましょう。

 マンションのエレベーターが急に停止し、1時間閉じ込められ会社に遅刻しました。このような場合、責任を追及することは可能でしょうか。

 事故原因によって、製造メーカー又は管理業者に責任を追及することになります。

　分譲マンションのエレベーター自体は共用部分です。共用部分は、区分所有者全員の共用である場合と、一部の区分所有者の共用である場合があります。全員の共用であるか、一部の共用であるかによって、エレベーターを管理する者も異なります。エレベーターを一部の区分所有者で共用している場合には、一部の区分所有者が管理する場合と区分所有者全員で管理する場合がありますが、区分所有者全員の共用であれば、その区分所有者全員で管理することになります。エレベーターの場合、一般的には、そのマンションの区分所有者全員の共用部分として、全員で管理する（点検・修繕は専門業者に委託します）としていることが多いようです。

　そこで、エレベーターが区分所有者全員による共用部分であるものとして説明します。今回のケースの場合、エレベーター自体に欠陥があったのであれば、エレベーターの製造メーカーに責任を追及することになります。また、エレベーターの管理にミスがあったために事故が生じたのであれば、エレベーターの管理業者に責任を追及できます。まずは、マンションの管理者（理事長）に問い合わせてみましょう。

Question 8
マンションの外壁がはがれて落下して通行人がケガをした場合、補償の責任は誰が負うのでしょうか。

保険加入の有無で異なりますが、未加入の場合土地の工作物責任の規定に従います。

　まずは、保険加入の有無をマンションの管理組合に確認しましょう。加入していれば、ケガをした人に対する補償はその保険で補償することになり、住人が責任を負担する必要はありません。しかし、加入していない場合はそういうわけにはいきません。外壁は共用部分であり、その部分の占有者、所有者は区分所有者全員です。外壁が落ちた部分の住人だけがその部分を占有・所有しているわけではありません。したがって、所有者となる区分所有者全員又は管理組合が被害者に対して損害賠償責任を負います。たとえ業者の手抜き工事が原因であったとしても、所有者は損害賠償義務を免れることはできません。

■ 外壁での事故と補償・損害賠償請求

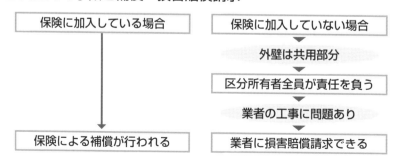

 ## 複合型マンションの管理は、誰がどのように行うのでしょうか。

 その共用部分の使用者をできるだけ明確に分類し、原則として使用者が管理します。

　建物の一部に事務所や店舗などが入っている分譲マンション（複合型マンション）の場合、共用部分の管理費について「専有部分の面積」だけを基準に分担するとしたのでは入居者間で争いが起こる可能性があります。マンションの構造や利用状況を考慮して双方が納得できる規定を作成しましょう。

　まず、共用部分を「区分所有者全員で使用する部分」と「店舗等の入居者のみ」「住居入居者のみ」が使用する一部共用部分にできるだけ明確に分けます。

　全員で使用する部分については原則として専有部分の床面積に応じた持分で管理費を分担します。一方、それぞれの共用部分について、区分所有法では共用すべき区分所有者の共有とし、管理については原則として共用すべき区分所有者が行うように規定しています。しかし、現実には全員で使用する部分なのか、一部共用部分かがはっきりしない場所もあります。このため、区分所有者全員の利害に関係するもの及び全体の規約に定めのあるものは全員で管理することができるとされています。そして、区分所有者全員の利害には関係せず、かつ全体の規約にも定めがない事項については一部の区分所有者のみで管理することになります（区分所有法16条）。

Question 10
時間外のゴミ出しなど、ゴミ置場のルールを守らない住人に対して、管理組合としてできるよい対策はないでしょうか。

ゴミ置き場の管理やチラシの配布などにより、正しいルールが定着するようにします。

　通常、マンション管理規約と使用細則において、マンションの共同生活を円滑に行うために共用部分の使用方法、使用時間、使用制限などについての具体的なルールが定められています（区分所有法30条）。

　一般的に規約では、共用部分である集会所、ホール、出入口、外壁、屋上などの利用制限、また、専有部分においては、ペットの飼育の制限、ピアノなどの演奏時間の制限、夜間のステレオや洗濯機の音量規制などの条項が設けられているようです。

　時間外にゴミを出すことは、建物の使用に関し区分所有者の共同の利益に反する行為と考えられますから、管理組合は、その行為をやめさせたり、その行為を予防するための必要な措置を講ずる必要があります。たとえば、ゴミを出す時間帯が決まっているのであれば、ゴミ置き場のドアの開閉を管理組合で管理するようにします。

　また、外部の業者にゴミ置き場の清掃や消毒を委託するのも1つの方法です。ゴミ出し時間の厳守を求めるチラシを配布したり、ゴミ置き場に看板を立てて、時間厳守を呼びかけたりして、区分所有者に任意の履行をうながすというのも効果的です。

Question 11 電気の容量を増やしたいという住居者のために、マンション全体の電気容量を増やすことは可能でしょうか。

原則として工事には負担が伴うため、総会決議を経ると、電気容量増加が可能です。

　仮に、希望者から順に個別対応の許可を出してしまうと、全体の容量が一杯になった後が大変です。

　なぜなら、全体の容量を超えた後に希望を出した世帯は、そのままでは容量変更ができないためです。そのため、マンション全体の電気容量の増加工事を行う必要が出てきます。この工事は共用部分の変更にあたるので総会の特別決議（区分所有者と議決権の各4分の3以上の賛成による決議）が必要ですが、形状又は効用の著しい変更を伴わない工事であれば普通決議で足ります。仮に、電気容量の増加工事を行うにあたり、負担が各家庭「5万円前後」の工事が必要になるのであれば、通常は普通決議事項で足りるといえるでしょう。

　ただし、先に希望者に個別の許可で対応しており、その後になって、マンション全体の容量を増加させるという決議をすると、すでに許可を受けた居住者は今さら新たに負担したくないと思うでしょう。そのため、必要数の賛成決議が得られないことになりかねません。現状で全体の容量に余力がある場合でも、先に改良工事をしてから、個別の容量を増やすべきでしょう。

マンションの関係者以外の者がマンション敷地に勝手に駐輪することをやめさせる方法はあるのでしょうか。

管理組合が警告を行い、なお改善しない場合は管理組合が移動・管理を行います。

　まず、来客用の自転車置き場を用意し、マンションに自転車で来た人に対して、訪問先を届け出てから停めてもらうようにします。こうすることで、マンションへの来客者の自転車か、全くの部外者の自転車かを区別することができます。

　その上で、来客用の自転車置き場以外の場所に停められている自転車には、管理組合が警告札をつけておきましょう。このような自転車にも所有者がいるので、いきなり撤去して別の場所に移動させてしまうと後々問題になる可能性があります。そのため、まずは警告札をつけることから始めます。

　警告札には「自転車を移動させない場合には管理組合で撤去し、一定期間が経過した後に処分します」という文言を記載しておきます。一時的な駐輪の場合は、毎日このような警告札が貼られていると駐輪しにくくなるものです。

●**警告札に従わない場合の対処法**

　警告札をつけても、なお繰り返し停めている自転車や、明らかに放置されている自転車は、当初の警告通り移動させて管理を行います。このとき、移動に不自由だからといってチェーンロックなどを破壊してしまうことはできる限り避けるようにしましょう。ましてや、管理組合は、不当に駐輪された自転車の所有権を取得

しているわけではありませんので、廃棄することもできません。最悪の場合、チェーンロックを破壊されたことについて自転車の所有者から損害賠償請求をされることがあります。

所有者がわかる自転車は、所有者に引取りを求めます。引取りにこない自転車は、警察に遺失物（落し物）として届け出ます。

所有者がわからない自転車は、警察で所有者を確認します。所有者については、防犯登録などから確認ができます。同時に、盗難の届出がでているかどうかも確認しておきます。その後に、遺失物として届け出ます。

具体的な撤去の要件については、警察と相談してマニュアルを作るようにしましょう。遺失物の取扱いについては、遺失物法という法律の規定がありますので、遺失物法を参考にしてマニュアルを作成します。

民法と遺失物法によると、遺失物や他人が置き去った準遺失物は、原則として3か月保管した後、遺失物を拾った人が自由に処分できるようになります。放置されている自転車についても、3か月を経過すれば、管理組合が自由に取り扱うことができますので、売却することもゴミとして処分することも可能になります。

■ **部外者による駐輪への対処方法**

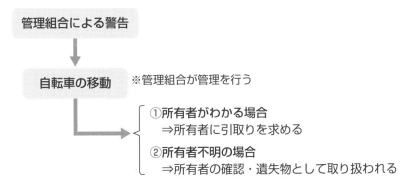

 リフォームをする際に注意すべき点は、どのような事項なのでしょうか。

 理事長の承認が必要であり、また騒音等トラブルの原因への対先が必要になります。

　区分所有者はマンションの専有部分の修繕や模様替えをする場合、他の専有部分や共用部分に影響を与えるおそれがあるときには、あらかじめ理事長に申請して修繕することの承認を得なければなりません（単棟型の標準管理規約17条）。つまり、大規模なリフォームをする場合には、理事長の承認が必要になる場合があります。そしてリフォームの際に、実際にどのような工事をするかを記載した図面や、工程表を理事長に提出します。

　ただし、これはあくまでも標準管理規約に記載されていることであり、実際の規約はマンションごとに異なります。多くのマンションでは標準管理規約を参考にして規約が作成されていますが、リフォームを行う場合には実際に規定されているマンション管理規約を見て、必要な事柄を把握します。

　実際にリフォームを行う場合には、近隣住民とトラブルにならないように配慮が必要です。事前にリフォーム工事を行うことを伝え、工事が始まった後のトラブルの発生を予防します。

　また、リフォーム工事による騒音を防ぐ措置を講じる必要があります。管理組合であらかじめ規約を定めるという方法もあります。水回り関係の備品のリフォームは漏水事故に注意しましょう。

第8章

マンションをめぐる その他の問題

マンションの一室に暴力団事務所が入っているのですが、立ち退いてもらうことは可能でしょうか。

他の住民に著しい損害が生じる場合、区分所有権の競売請求が可能です。

　問題の暴力団が、「暴力団員による不当な行為の防止等に関する法律」に基づいて都道府県公安委員会に指定されている指定暴力団であるかどうかで対応が異なります。ところが、この法律によって規制が厳格化した一方で、暴力団の事務所らしい外観を消し、一般の住戸にカモフラージュしている事務所があることにも注意が必要です。指定暴力団である場合には、事務所でやってはいけない行為が定められています。

　また、指定暴力団であるかどうかにかかわらず、区分所有法に基づいて、次のような手段をとることが考えられます。

　まず、暴力団が建物の保全に有害な行為や他の区分所有者の共同の利益に反する行為をしていると判断できるときには、暴力団に対して、行為の停止などの措置を求めることができます。

　暴力団の行為によって、他のマンション住民に著しい損害が生じており、他の方法では共同生活が維持できないという場合には、他の区分所有者全員又は管理組合法人は、裁判所に対し、暴力団の所有している部屋の区分所有権と敷地利用権の競売を求めることができます。ただし、この場合、集会の決議（区分所有者と議決権の各4分の3以上の賛成決議）に基づいて、裁判所に訴えを起こすことが必要です。

なお、仮に賃貸マンションであっても対策を講じることができます。マンションの賃貸契約書で、賃借人が暴力団などの反社会的勢力と関わりがないことを条件として賃貸する旨が記載されている場合には、マンションの賃借人が暴力団と関わりをもつことは賃貸借契約違反となります。そのため、区分所有者である賃貸人は、賃貸借契約を解除することができます。

マンションの住民は他の住民の賃貸借契約を直接解除することはできません。そのため、契約書の条文に基づいて暴力団と関わりのある者の賃貸借契約を解除するよう、区分所有者である賃貸人に要求することになります。

近年では、各地方自治体で暴力団排除条例が制定されており、暴力団に対する規制が強化されています。暴力団排除条例の内容は地域によって異なりますが、一般的には、暴力団を公共工事の入札に参加させないこと、暴力団から危害を加えられる恐れがある者を警察が保護すること、暴力団に土地や建物を提供しないことなどが規定されています。

マンションの住民も、暴力団を恐れずに、暴力団関係者に対して毅然とした態度をとることが必要です。

■ 暴力団事務所に対する扱い

指定暴力団	事務所での禁止行為が列挙されている
その他の暴力団	

・総会決議に応じて、迷惑行為の禁止を求めることが可能
・契約の解除と暴力団が使用している部分の引渡し請求が可能

 住民で集会を開き、区分所有者と議決権の各4分の3以上の賛成決議により訴えを起こすことが必要

居住者が部屋を別人に貸したいようなのですが、暴力団や半グレといった人が入居してくるのは阻止したいのですが。

規約で暴力団等を排除する規定を定めることができます。

　暴力団や半グレ（暴力団ではないが、犯罪行為などを繰り返す集団のこと）と呼ばれるような人々がマンションに入居してくるのを阻止する方法としては、マンションの規約に、「暴力団や半グレに属する人へ部屋を貸すことを禁止する」という規定を置くという方法があります。たとえば、規約で「区分所有者が第三者に部屋を貸すときには、その賃貸借契約書の条項の中に、賃借人が暴力団員等ではない（契約後も暴力団員等にならない）ことを確約する文言を入れること」という内容を定めておきます。こうすることで、暴力団員等が当該マンションに入居してくることを未然に防ぐことができます。

　また、規約で「賃貸借契約書の条項に、①賃借人が暴力団員等であることが判明した場合には、賃貸人は催告をしないで賃貸借契約を解除できる、②区分所有者が賃貸借契約の解除をしない場合には、管理組合が代理で契約の解除をすることができる、という文言を入れること」を定めておきます。こうすることで、万が一、暴力団員などがマンションに入居してしまった場合でも、暴力団員等をマンションから出て行かせる策を講じることが可能になります。ただし、賃貸借契約の解除は、警察との連携の下で、身の安全を確保しながら進めていくようにしましょう。

 マンションの登記は一般の土地・建物の登記と記載が異なると聞いたのですが、具体的にはどのような違いがあるのでしょうか。

 マンションの下にある土地の権利の処理を考慮する点が特徴です。

　マンションには、①複数の人が別々の部屋に対して所有権を持っている（区分所有権といいます）、②一つの建物を共有している、③敷地に対してそれぞれが使用権を持っているという特徴があります。このため、戸数の多い大規模マンションが増えてくると、従来の登記方法のままでは複雑で敷地に対する権利を誰がどれだけ持っているのかがわかりにくい、という不都合が生じます。そこで、分譲マンションなどの区分所有建物の登記簿では、建物全体の表題部（不動産の物理的状況を記載する欄）に一棟の建物に属するすべての専有部分の家屋番号、敷地権の目的となる土地の所在地などを記載し、権利関係を明確化しています。

　敷地権とは、敷地を利用する権利のことです。区分所有建物の場合、土地については区分所有者全員の共有となり、各区分所有者は原則、部屋の面積の割合について、その土地を利用する敷地利用権という持分を有することになります。建物と土地を分離して処分することが禁じられている区分所有建物については「敷地権の登記」がなされており、専有部分の表題部には、敷地権の種類割合（持分）について記載されています。そのため、区分所有者は建物の登記簿に権利移転の登記をするだけで、敷地に対する権利の登記をしたのと同じ効力を得られるようになっています。

Question 4
全住戸住宅専用の説明で購入したのですが、隣人が学習塾を開いているようです。居住目的以外に利用しても問題ないのでしょうか。

規約で利用目的を居住用に限定していれば学習塾の閉鎖を要求することができます。

　分譲マンションにおける区分所有者は、共用部分については共有の持分権を持ち、用法に従って使用することができますが、自分勝手に使用することはできません。一方、自分が所有する専有部分については、自由に使用・収益又は処分することができますが、規約に「住居以外に使用してはならない」という規定がある場合には、住居以外に使用すると規約違反となります。

　質問の場合、「住居以外に使用してはならない」という規約があれば、学習塾などを開くことは規約違反となります。この場合は、マンション管理組合を通じて学習塾の閉鎖を申し入れます。一方、規約に利用目的が定められていなければ、とくに問題がないことになります。ただ、隣人が学習塾をやっていて、騒音やゴミなどあなたに何らかの損害が生じているようであれば、マンション管理組合に相談して改善策を講じてもらいましょう。

　なお、マンションが分譲ではなく、賃貸マンションの場合でも、賃貸借契約書に「使用を住居用に限定する」という記載があれば、借主は住居用以外の目的で居室を使用することはできませんから、貸主から契約を解除されたり損害賠償を請求されたりすることもあります。

マンションの防犯対策にはどのような方法があるのでしょうか。

一般的に、防犯カメラの設置やドアの鍵の交換、窓の交換などが考えられます。

　一般的には、防犯カメラの設置やドアの鍵の交換、窓の交換などが考えられます。また、部外者が無許可で立ち入ることを防ぐために、オートロックシステムを完備することも考えられます。手続きや費用の負担については、防犯対策を施す箇所が共用部分か専有部分かによって違います。その箇所が共用か専有かの判断は、建物の構造あるいは管理規約に基づいて決まります。ここでは標準管理規約に沿って説明します。

　まず、手続きですが、専有部分であれば各区分所有者が自分の判断で行うことができます。一方、共用部分に防犯対策をすることは多くの場合「改良」にあたり、事前に理事長の承認を受けていない場合には、総会を開いて普通決議を経なければ行うことができません（マンション標準管理規約22条）。費用負担は、専有部分の場合は各区分所有者の自己負担、共用部分は区分所有者が持分の割合に従い分担します。

　具体的には、たとえば玄関ドアの場合、ドアは共用部分、鍵の部分は専有部分になります。そこで、鍵をただ取り替えるだけであれば各区分所有者が個人的に行うことができますが、ダブルロックにするなど、ドアにも改良を加える場合であれば、一軒のドアのみの工事でも総会の決議が必要ということになります。ま

た、防犯カメラなどを共用部分に設置する際に、特定の住民が不利益を被ることになる（居室内が映ってしまうなど）場合はその住民の承諾を得なければなりません。

窓ガラスも共用部分ですから、勝手に窓枠ごと取り替えたり、ガラスを特殊加工のものに交換するときは総会の決議が必要です。

●警備員の配置

防犯対策として警備員を配置するという方法があります。警備員を配置する場合には人件費がかかりますが、だからといって人件費をむやみに安くしようとすると、警備員の人数が不足することで防犯体制に不備が生じてしまう可能性があります。そのため、マンションのセキュリティの確保とその費用のバランスを考えることが必要になります。警備員を配置する場合には、どのような時間帯に配置するかが重要です。通常の住宅街の中にあるマンションであれば、昼間は管理員のみにマンションの管理をまかせ、夜間のみ警備員を配置するという体制をとるという方法もあります。また、監視カメラの設置もマンションのセキュリティ確保のために有効な手段です。近年では、赤外線センサーや内蔵されたメモリー機能を備えることで、配線が不要な監視カメラが開発されています。最終的には、警備員や監視カメラといった手段を組み合わせて、マンションの防犯体制を確立します。

■ **マンション管理のためのさまざまな対策**

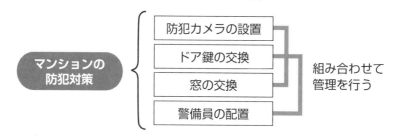

第9章

標準管理規約・法的手段の活用法

マンション標準管理規約の見方

マンション標準管理規約とは

　管理組合が管理規約を定める際の参考として、一般に公開されているのがマンションの管理についての標準的な規約である「マンション標準管理規約」です。

　管理規約は、マンションの管理・使用について定めた基本的なルールです。マンションの使用方法や共同生活における約束を広く定めています。

　マンション標準管理規約においては、近年、役員のなり手が不足している等の状況に対応することが課題であり、平成23年7月の改正以降、現に居住する組合員ではなくても、組合員であれば、理事又は監事が総会で選任することにより、役員になることができるというように、役員になるための要件を緩和する等の見直しが行われてきました。

　マンション標準管理規約には、①単棟型、②団地型、③複合用途型の3種類があります。

　①単棟型とは、通常の住居専用のマンションについて定めた標準管理規約です。②団地型とは、団地に特有の事柄を付け加えて定めた管理規約です。③複合用途型とは、店舗と住居が一体となったマンションなどを念頭においた管理規約です。

　いずれの管理規約も国土交通省のホームページからダウンロードすることができます。本書では代表的な①単棟型だけを掲載しました。

平成28年3月の改正でどう変わったのか

　平成28年3月のマンション標準管理規約の改正の大きなポイン

トとして上記のように役員の成り手が不足している状況に対して、外部の専門家の活用の途を開いたことが、まず挙げられます。従来は理事長を含む理事や監事は、マンションの管理組合の組合員に限定されていましたが、たとえば弁護士などのような、外部の専門家を理事長などに登用できることになりました。

　役員のなり手に関して、外部者にまで選択肢を広げた一方で、暴力団等の排除規定を設けて、暴力団の追放に向けた取り組みを強化していることも、特徴のひとつといえます。従来から、マンションから、暴力団関係者をいかに排除するのかということが、課題として検討されていたところ、新しいマンション標準管理規約では、暴力団構成員には住戸を貸さないこと、そして、暴力団関係者は、マンション管理組合の役員になれないという条項を整備しました。

　また、新しいマンション標準管理規約では、マンションの維持・管理のために、居住者から徴収する管理費は、使途が透明・厳格である必要があることから、管理費の使途として、「コミュニティ形成に要する費用」という項目が削除されました。そのため、たとえば夏祭りなどのイベント経費として、管理費を用いることができなくなりました。これにより、イベント等に参加しない居住者らとの間で、管理費の支出をめぐってトラブルが発生することを防ぐことができると期待されています。

　その他にも、災害等の場合の管理組合の意思決定に関して、緊急時の補修等の保存行為は、理事長が単独で判断することが可能になり、緊急時の応急修繕は理事会で決定できることとして、権限を一部強化しています。さらに、理事会への理事の代理出席について、後の議決の有効性に関する争いを防ぐための条項の整備や、管理費等の滞納に対する措置等が、新たに整備されることになりました。

資料 マンション標準管理規約（単棟型）

○○マンション管理規約

第1章　総則

（目的）
第1条　この規約は、○○マンションの管理又は使用に関する事項等について定めることにより、区分所有者の共同の利益を増進し、良好な住環境を確保することを目的とする。

（定義）
第2条　この規約において、次に掲げる用語の意義は、それぞれ当該各号に定めるところによる。
一　区分所有権　建物の区分所有等に関する法律（昭和37年法律第69号。以下「区分所有法」という）第2条第1項の区分所有権をいう。
二　区分所有者　区分所有法第2条第2項の区分所有者をいう。
三　占有者　区分所有法第6条第3項の占有者をいう。
四　専有部分　区分所有法第2条第3項の専有部分をいう。
五　共用部分　区分所有法第2条第4項の共用部分をいう。
六　敷地　区分所有法第2条第5項の建物の敷地をいう。
七　共用部分等　共用部分及び附属施設をいう。
八　専用使用権　敷地及び共用部分等の一部について、特定の区分所有者が排他的に使用できる権利をいう。
九　専用使用部分　専用使用権の対象となっている敷地及び共用部分等の部分をいう。

（規約及び総会の決議の遵守義務）
第3条　区分所有者は、円滑な共同生活を維持するため、この規約及び総会の決議を誠実に遵守しなければならない。
2　区分所有者は、同居する者に対してこの規約及び総会の決議を遵守させなければならない。

（対象物件の範囲）
第4条　この規約の対象となる物件の範囲は、別表第1に記載された敷地、建物及び附属施設（以下「対象物件」という）とする。

（規約及び総会の決議の効力）
第5条　この規約及び総会の決議は、区分所有者の包括承継人及び特定承継

人に対しても、その効力を有する。
2　占有者は、対象物件の使用方法につき、区分所有者がこの規約及び総会の決議に基づいて負う義務と同一の義務を負う。
（管理組合）
第6条　区分所有者は、区分所有法第3条に定める建物並びにその敷地及び附属施設の管理を行うための団体として、第1条に定める目的を達成するため、区分所有者全員をもって○○マンション管理組合（以下「管理組合」という）を構成する。
2　管理組合は、事務所を○○内に置く。
3　管理組合の業務、組織等については、第6章に定めるところによる。

第2章　専有部分等の範囲

（専有部分の範囲）
第7条　対象物件のうち区分所有権の対象となる専有部分は、住戸番号を付した住戸とする。
2　前項の専有部分を他から区分する構造物の帰属については、次のとおりとする。
　一　天井、床及び壁は、躯体部分を除く部分を専有部分とする。
　二　玄関扉は、錠及び内部塗装部分を専有部分とする。
　三　窓枠及び窓ガラスは、専有部分に含まれないものとする。
3　第1項又は前項の専有部分の専用に供される設備のうち共用部分内にある部分以外のものは、専有部分とする。
（共用部分の範囲）
第8条　対象物件のうち共用部分の範囲は、別表第2に掲げるとおりとする。

第3章　敷地及び共用部分等の共有

（共有）
第9条　対象物件のうち敷地及び共用部分等は、区分所有者の共有とする。
（共有持分）
第10条　各区分所有者の共有持分は、別表第3に掲げるとおりとする。
（分割請求及び単独処分の禁止）
第11条　区分所有者は、敷地又は共用部分等の分割を請求することはできない。
2　区分所有者は、専有部分と敷地及び共用部分等の共有持分とを分離して譲渡、抵当権の設定等の処分をしてはならない。

第4章　用法

（専有部分の用途）
第12条　区分所有者は、その専有部分を専ら住宅として使用するものとし、他の用途に供してはならない。

（敷地及び共用部分等の用法）
第13条　区分所有者は、敷地及び共用部分等をそれぞれの通常の用法に従って使用しなければならない。

（バルコニー等の専用使用権）
第14条　区分所有者は、別表第4に掲げるバルコニー、玄関扉、窓枠、窓ガラス、一階に面する庭及び屋上テラス（以下この条、第21条第1項及び別表第4において「バルコニー等」という）について、同表に掲げるとおり、専用使用権を有することを承認する。

2　一階に面する庭について専用使用権を有している者は、別に定めるところにより、管理組合に専用使用料を納入しなければならない。

3　区分所有者から専有部分の貸与を受けた者は、その区分所有者が専用使用権を有しているバルコニー等を使用することができる。

（駐車場の使用）
第15条　管理組合は、別添の図に示す駐車場について、特定の区分所有者に駐車場使用契約により使用させることができる。

2　前項により駐車場を使用している者は、別に定めるところにより、管理組合に駐車場使用料を納入しなければならない。

3　区分所有者がその所有する専有部分を、他の区分所有者又は第三者に譲渡又は貸与したときは、その区分所有者の駐車場使用契約は効力を失う。

（敷地及び共用部分等の第三者の使用）
第16条　管理組合は、次に掲げる敷地及び共用部分等の一部を、それぞれ当該各号に掲げる者に使用させることができる。

一　管理事務室、管理用倉庫、機械室その他対象物件の管理の執行上必要な施設　管理事務（マンションの管理の適正化の推進に関する法律（平成12年法律第149号。以下「適正化法」という）第2条第六号の「管理事務」をいう）を受託し、又は請け負った者

二　電気室　対象物件に電気を供給する設備を維持し、及び運用する事業者

三　ガスガバナー　当該設備を維持し、及び運用する事業者

2　前項に掲げるもののほか、管理組合は、総会の決議を経て、敷地及び共用部分等（駐車場及び専用使用部分を除く）の一部について、第三者に使用させることができる。

(専有部分の修繕等)
第17条　区分所有者は、その専有部分について、修繕、模様替え又は建物に定着する物件の取付け若しくは取替え（以下「修繕等」という）であって共用部分又は他の専有部分に影響を与えるおそれのあるものを行おうとするときは、あらかじめ、理事長（第35条に定める理事長をいう。以下同じ）にその旨を申請し、書面による承認を受けなければならない。

2　前項の場合において、区分所有者は、設計図、仕様書及び工程表を添付した申請書を理事長に提出しなければならない。

3　理事長は、第１項の規定による申請について、理事会（第51条に定める理事会をいう。以下同じ）の決議により、その承認又は不承認を決定しなければならない。

4　第１項の承認があったときは、区分所有者は、承認の範囲内において、専有部分の修繕等に係る共用部分の工事を行うことができる。

5　理事長又はその指定を受けた者は、本条の施行に必要な範囲内において、修繕等の箇所に立ち入り、必要な調査を行うことができる。この場合において、区分所有者は、正当な理由がなければこれを拒否してはならない。

6　第１項の承認を受けた修繕等の工事後に、当該工事により共用部分又は他の専有部分に影響が生じた場合は、当該工事を発注した区分所有者の責任と負担により必要な措置をとらなければならない。

7　区分所有者は、第１項の承認を要しない修繕等のうち、工事業者の立入り、工事の資機材の搬入、工事の騒音、振動、臭気等工事の実施中における共用部分又は他の専有部分への影響について管理組合が事前に把握する必要があるものを行おうとするときは、あらかじめ、理事長にその旨を届け出なければならない。

(使用細則)
第18条　対象物件の使用については、別に使用細則を定めるものとする。

(専有部分の貸与)
第19条　区分所有者は、その専有部分を第三者に貸与する場合には、この規約及び使用細則に定める事項をその第三者に遵守させなければならない。

2　前項の場合において、区分所有者は、その貸与に係る契約にこの規約及び使用細則に定める事項を遵守する旨の条項を定めるとともに、契約の相手方にこの規約及び使用細則に定める事項を遵守する旨の誓約書を管理組合に提出させなければならない。

〔※専有部分の貸与に関し、暴力団員への貸与を禁止する旨の規約の規定を定める場合〕

(暴力団員の排除)
第19条の2　区分所有者は、その専有部分を第三者に貸与する場合には、前条に定めるもののほか、次に掲げる内容を含む条項をその貸与に係る契約に定めなければならない。
一　契約の相手方が暴力団員(暴力団員による不当な行為の防止等に関する法律(平成3年法律第77号)第2条第六号に規定する暴力団員をいう。以下同じ)ではないこと及び契約後において暴力団員にならないことを確約すること。
二　契約の相手方が暴力団員であることが判明した場合には、何らの催告を要せずして、区分所有者は当該契約を解約することができること。
三　区分所有者が前号の解約権を行使しないときは、管理組合は、区分所有者に代理して解約権を行使することができること。
2　前項の場合において、区分所有者は、前項第三号による解約権の代理行使を管理組合に認める旨の書面を提出するとともに、契約の相手方に暴力団員ではないこと及び契約後において暴力団員にならないことを確約する旨の誓約書を管理組合に提出させなければならない。

第5章　管理
第1節　総則

(区分所有者の責務)
第20条　区分所有者は、対象物件について、その価値及び機能の維持増進を図るため、常に適正な管理を行うよう努めなければならない。

(敷地及び共用部分等の管理)
第21条　敷地及び共用部分等の管理については、管理組合がその責任と負担においてこれを行うものとする。ただし、バルコニー等の保存行為(区分所有法第18条第1項ただし書の「保存行為」をいう。以下同じ)のうち、通常の使用に伴うものについては、専用使用権を有する者がその責任と負担においてこれを行わなければならない。
2　専有部分である設備のうち共用部分と構造上一体となった部分の管理を共用部分の管理と一体として行う必要があるときは、管理組合がこれを行うことができる。
3　区分所有者は、第1項ただし書の場合又はあらかじめ理事長に申請して

書面による承認を受けた場合を除き、敷地及び共用部分等の保存行為を行うことができない。ただし、専有部分の使用に支障が生じている場合に、当該専有部分を所有する区分所有者が行う保存行為の実施が、緊急を要するものであるときは、この限りでない。

4 　前項の申請及び承認の手続については、第17条第2項、第3項、第5項及び第6項の規定を準用する。ただし、同条第5項中「修繕等」とあるのは「保存行為」と、同条第6項中「第1項の承認を受けた修繕等の工事後に、当該工事」とあるのは「第21条第3項の承認を受けた保存行為後に、当該保存行為」と読み替えるものとする。

5 　第3項の規定に違反して保存行為を行った場合には、当該保存行為に要した費用は、当該保存行為を行った区分所有者が負担する。

6 　理事長は、災害等の緊急時においては、総会又は理事会の決議によらずに、敷地及び共用部分等の必要な保存行為を行うことができる。

（窓ガラス等の改良）

第22条　共用部分のうち各住戸に附属する窓枠、窓ガラス、玄関扉その他の開口部に係る改良工事であって、防犯、防音又は断熱等の住宅の性能の向上等に資するものについては、管理組合がその責任と負担において、計画修繕としてこれを実施するものとする。

2 　区分所有者は、管理組合が前項の工事を速やかに実施できない場合には、あらかじめ理事長に申請して書面による承認を受けることにより、当該工事を当該区分所有者の責任と負担において実施することができる。

3 　前項の申請及び承認の手続については、第17条第2項、第3項、第5項及び第6項の規定を準用する。ただし、同条第5項中「修繕等」とあるのは「第22条第2項の工事」と、同条第6項中「第1項の承認を受けた修繕等の工事」とあるのは「第22条第2項の承認を受けた工事」と読み替えるものとする。

（必要箇所への立入り）

第23条　前2条により管理を行う者は、管理を行うために必要な範囲内において、他の者が管理する専有部分又は専用使用部分への立入りを請求することができる。

2 　前項により立入りを請求された者は、正当な理由がなければこれを拒否してはならない。

3 　前項の場合において、正当な理由なく立入りを拒否した者は、その結果生じた損害を賠償しなければならない。

4 　前3項の規定にかかわらず、理事長は、災害、事故等が発生した場合で

あって、緊急に立ち入らないと共用部分等又は他の専有部分に対して物理的に又は機能上重大な影響を与えるおそれがあるときは、専有部分又は専用使用部分に自ら立ち入り、又は委任した者に立ち入らせることができる。
5　立入りをした者は、速やかに立入りをした箇所を原状に復さなければならない。

（損害保険）
第24条　区分所有者は、共用部分等に関し、管理組合が火災保険、地震保険その他の損害保険の契約を締結することを承認する。
2　理事長は、前項の契約に基づく保険金額の請求及び受領について、区分所有者を代理する。

第2節　費用の負担

（管理費等）
第25条　区分所有者は、敷地及び共用部分等の管理に要する経費に充てるため、次の費用（以下「管理費等」という）を管理組合に納入しなければならない。
　一　管理費
　二　修繕積立金
2　管理費等の額については、各区分所有者の共用部分の共有持分に応じて算出するものとする。

（承継人に対する債権の行使）
第26条　管理組合が管理費等について有する債権は、区分所有者の特定承継人に対しても行うことができる。

（管理費）
第27条　管理費は、次の各号に掲げる通常の管理に要する経費に充当する。
　一　管理員人件費
　二　公租公課
　三　共用設備の保守維持費及び運転費
　四　備品費、通信費その他の事務費
　五　共用部分等に係る火災保険料、地震保険料その他の損害保険料
　六　経常的な補修費
　七　清掃費、消毒費及びごみ処理費
　八　委託業務費
　九　専門的知識を有する者の活用に要する費用
　十　管理組合の運営に要する費用
　十一　その他第32条に定める業務に要する費用（次条に規定する経費を除く）

（修繕積立金）
第28条　管理組合は、各区分所有者が納入する修繕積立金を積み立てるものとし、積み立てた修繕積立金は、次の各号に掲げる特別の管理に要する経費に充当する場合に限って取り崩すことができる。
一　一定年数の経過ごとに計画的に行う修繕
二　不測の事故その他特別の事由により必要となる修繕
三　敷地及び共用部分等の変更
四　建物の建替え及びマンション敷地売却（以下「建替え等」という）に係る合意形成に必要となる事項の調査
五　その他敷地及び共用部分等の管理に関し、区分所有者全体の利益のために特別に必要となる管理
2　前項にかかわらず、区分所有法第62条第１項の建替え決議（以下「建替え決議」という）又は建替えに関する区分所有者全員の合意の後であっても、マンションの建替え等の円滑化に関する法律（平成14年法律第78号。以下「円滑化法」という）第９条のマンション建替組合の設立の認可又は円滑化法第45条のマンション建替事業の認可までの間において、建物の建替えに係る計画又は設計等に必要がある場合には、その経費に充当するため、管理組合は、修繕積立金から管理組合の消滅時に建替え不参加者に帰属する修繕積立金相当額を除いた金額を限度として、修繕積立金を取り崩すことができる。
3　第１項にかかわらず、円滑化法第108条第１項のマンション敷地売却決議（以下「マンション敷地売却決議」という）の後であっても、円滑化法第120条のマンション敷地売却組合の設立の認可までの間において、マンション敷地売却に係る計画等に必要がある場合には、その経費に充当するため、管理組合は、修繕積立金から管理組合の消滅時にマンション敷地売却不参加者に帰属する修繕積立金相当額を除いた金額を限度として、修繕積立金を取り崩すことができる。
4　管理組合は、第１項各号の経費に充てるため借入れをしたときは、修繕積立金をもってその償還に充てることができる。
5　修繕積立金については、管理費とは区分して経理しなければならない。
（使用料）
第29条　駐車場使用料その他の敷地及び共用部分等に係る使用料（以下「使用料」という）は、それらの管理に要する費用に充てるほか、修繕積立金として積み立てる。

第6章　管理組合
第1節　組合員

（組合員の資格）
第30条　組合員の資格は、区分所有者となったときに取得し、区分所有者でなくなったときに喪失する。

（届出義務）
第31条　新たに組合員の資格を取得し又は喪失した者は、直ちにその旨を書面により管理組合に届け出なければならない。

第2節　管理組合の業務

（業務）
第32条　管理組合は、建物並びにその敷地及び附属施設の管理のため、次の各号に掲げる業務を行う。
　一　管理組合が管理する敷地及び共用部分等（以下本条及び第48条において「組合管理部分」という）の保安、保全、保守、清掃、消毒及びごみ処理
　二　組合管理部分の修繕
　三　長期修繕計画の作成又は変更に関する業務及び長期修繕計画書の管理
　四　建替え等に係る合意形成に必要となる事項の調査に関する業務
　五　適正化法第103条第1項に定める、宅地建物取引業者から交付を受けた設計図書の管理
　六　修繕等の履歴情報の整理及び管理等
　七　共用部分等に係る火災保険、地震保険その他の損害保険に関する業務
　八　区分所有者が管理する専用使用部分について管理組合が行うことが適当であると認められる管理行為
　九　敷地及び共用部分等の変更及び運営
　十　修繕積立金の運用
　十一　官公署、町内会等との渉外業務
　十二　マンション及び周辺の風紀、秩序及び安全の維持、防災並びに居住環境の維持及び向上に関する業務
　十三　広報及び連絡業務
　十四　管理組合の消滅時における残余財産の清算
　十五　その他建物並びにその敷地及び附属施設の管理に関する業務

（業務の委託等）
第33条　管理組合は、前条に定める業務の全部又は一部を、マンション管理業者（適正化法第2条第八号の「マンション管理業者」をいう）等第三者に委託し、又は請け負わせて執行することができる。

(専門的知識を有する者の活用)
第34条 管理組合は、マンション管理士（適正化法第2条第五号の「マンション管理士」をいう）その他マンション管理に関する各分野の専門的知識を有する者に対し、管理組合の運営その他マンションの管理に関し、相談したり、助言、指導その他の援助を求めたりすることができる。

第3節　役員

(役員)
第35条 管理組合に次の役員を置く。
　一　理事長
　二　副理事長　○名
　三　会計担当理事　○名
　四　理事（理事長、副理事長、会計担当理事を含む。以下同じ）　○名
　五　監事　○名
2　理事及び監事は、組合員のうちから、総会で選任する。
3　理事長、副理事長及び会計担当理事は、理事のうちから、理事会で選任する

外部専門家を役員として選任できることとする場合

2　理事及び監事は、総会で選任する。
3　理事長、副理事長及び会計担当理事は、理事のうちから、理事会で選任する。
4　組合員以外の者から理事又は監事を選任する場合の選任方法については細則で定める。

(役員の任期)
第36条 役員の任期は○年とする。ただし、再任を妨げない。
2　補欠の役員の任期は、前任者の残任期間とする。
3　任期の満了又は辞任によって退任する役員は、後任の役員が就任するまでの間引き続きその職務を行う。
4　役員が組合員でなくなった場合には、その役員はその地位を失う。

外部専門家を役員として選任できることとする場合

4　選任（再任を除く）の時に組合員であった役員が組合員でなくなった場合には、その役員はその地位を失う。

(役員の欠格条項)
第36条の2　次の各号のいずれかに該当する者は、役員となることができない。
　一　成年被後見人若しくは被保佐人又は破産者で復権を得ないもの
　二　禁錮以上の刑に処せられ、その執行を終わり、又はその執行を受けることがなくなった日から5年を経過しない者
　三　暴力団員等（暴力団員又は暴力団員でなくなった日から5年を経過しない者をいう）

(役員の誠実義務等)
第37条　役員は、法令、規約及び使用細則その他細則（以下「使用細則等」という）並びに総会及び理事会の決議に従い、組合員のため、誠実にその職務を遂行するものとする。
2　役員は、別に定めるところにより、役員としての活動に応ずる必要経費の支払と報酬を受けることができる。

(利益相反取引の防止)
第37条の2　役員は、次に掲げる場合には、理事会において、当該取引につき重要な事実を開示し、その承認を受けなければならない。
　一　役員が自己又は第三者のために管理組合と取引をしようとするとき。
　二　管理組合が役員以外の者との間において管理組合と当該役員との利益が相反する取引をしようとするとき。

(理事長)
第38条　理事長は、管理組合を代表し、その業務を統括するほか、次の各号に掲げる業務を遂行する。
　一　規約、使用細則等又は総会若しくは理事会の決議により、理事長の職務として定められた事項
　二　理事会の承認を得て、職員を採用し、又は解雇すること。
2　理事長は、区分所有法に定める管理者とする。
3　理事長は、通常総会において、組合員に対し、前会計年度における管理組合の業務の執行に関する報告をしなければならない。
4　理事長は、○か月に1回以上、職務の執行の状況を理事会に報告しなければならない。
5　理事長は、理事会の承認を受けて、他の理事に、その職務の一部を委任することができる。
6　管理組合と理事長との利益が相反する事項については、理事長は、代表権を有しない。この場合においては、監事又は理事長以外の理事が管理組合を代表する。

（副理事長）
第39条 副理事長は、理事長を補佐し、理事長に事故があるときは、その職務を代理し、理事長が欠けたときは、その職務を行う。

（理事）
第40条 理事は、理事会を構成し、理事会の定めるところに従い、管理組合の業務を担当する。
2 理事は、管理組合に著しい損害を及ぼすおそれのある事実があることを発見したときは、直ちに、当該事実を監事に報告しなければならない。
3 会計担当理事は、管理費等の収納、保管、運用、支出等の会計業務を行う。

（監事）
第41条 監事は、管理組合の業務の執行及び財産の状況を監査し、その結果を総会に報告しなければならない。
2 監事は、いつでも、理事及び第38条第1項第二号に規定する職員に対して業務の報告を求め、又は業務及び財産の状況の調査をすることができる。
3 監事は、管理組合の業務の執行及び財産の状況について不正があると認めるときは、臨時総会を招集することができる。
4 監事は、理事会に出席し、必要があると認めるときは、意見を述べなければならない。
5 監事は、理事が不正の行為をし、若しくは当該行為をするおそれがあると認めるとき、又は法令、規約、使用細則等、総会の決議若しくは理事会の決議に違反する事実若しくは著しく不当な事実があると認めるときは、遅滞なく、その旨を理事会に報告しなければならない。
6 監事は、前項に規定する場合において、必要があると認めるときは、理事長に対し、理事会の招集を請求することができる。
7 前項の規定による請求があった日から5日以内に、その請求があった日から2週間以内の日を理事会の日とする理事会の招集の通知が発せられない場合は、その請求をした監事は、理事会を招集することができる。

第4節　総会

（総会）
第42条 管理組合の総会は、総組合員で組織する。
2 総会は、通常総会及び臨時総会とし、区分所有法に定める集会とする。
3 理事長は、通常総会を、毎年1回新会計年度開始以後2か月以内に招集しなければならない。
4 理事長は、必要と認める場合には、理事会の決議を経て、いつでも臨時総会を招集することができる。

5 総会の議長は、理事長が務める。
(招集手続)
第43条 総会を招集するには、少なくとも会議を開く日の2週間前(会議の目的が建替え決議又はマンション敷地売却決議であるときは2か月前)までに、会議の日時、場所及び目的を示して、組合員に通知を発しなければならない。
2 前項の通知は、管理組合に対し組合員が届出をしたあて先に発するものとする。ただし、その届出のない組合員に対しては、対象物件内の専有部分の所在地あてに発するものとする。
3 第1項の通知は、対象物件内に居住する組合員及び前項の届出のない組合員に対しては、その内容を所定の掲示場所に掲示することをもって、これに代えることができる。
4 第1項の通知をする場合において、会議の目的が第47条第3項第一号、第二号若しくは第四号に掲げる事項の決議又は建替え決議若しくはマンション敷地売却決議であるときは、その議案の要領をも通知しなければならない。
5 会議の目的が建替え決議であるときは、前項に定める議案の要領のほか、次の事項を通知しなければならない。
一 建替えを必要とする理由
二 建物の建替えをしないとした場合における当該建物の効用の維持及び回復(建物が通常有すべき効用の確保を含む)をするのに要する費用の額及びその内訳
三 建物の修繕に関する計画が定められているときは、当該計画の内容
四 建物につき修繕積立金として積み立てられている金額
6 会議の目的がマンション敷地売却決議であるときは、第4項に定める議案の要領のほか、次の事項を通知しなければならない。
一 売却を必要とする理由
二 建築物の耐震改修の促進に関する法律(平成7年法律第123号)第2条第2項に規定する耐震改修(以下単に「耐震改修」という)又はマンションの建替えをしない理由
三 耐震改修に要する費用の概算額
7 建替え決議又はマンション敷地売却決議を目的とする総会を招集する場合、少なくとも会議を開く日の1か月前までに、当該招集の際に通知すべき事項について組合員に対し説明を行うための説明会を開催しなければならない。

8　第45条第2項の場合には、第1項の通知を発した後遅滞なく、その通知の内容を、所定の掲示場所に掲示しなければならない。

9　第1項（会議の目的が建替え決議又はマンション敷地売却決議であるときを除く）にかかわらず、緊急を要する場合には、理事長は、理事会の承認を得て、5日間を下回らない範囲において、第1項の期間を短縮することができる。

（組合員の総会招集権）
第44条　組合員が組合員総数の5分の1以上及び第46条第1項に定める議決権総数の5分の1以上に当たる組合員の同意を得て、会議の目的を示して総会の招集を請求した場合には、理事長は、2週間以内にその請求があった日から4週間以内の日（会議の目的が建替え決議又はマンション敷地売却決議であるときは、2か月と2週間以内の日）を会日とする臨時総会の招集の通知を発しなければならない。

2　理事長が前項の通知を発しない場合には、前項の請求をした組合員は、臨時総会を招集することができる。

〔※管理組合における電磁的方法の利用状況に応じて、次のように規定〕

（ア）電磁的方法が利用可能ではない場合
　　3　前2項により招集された臨時総会においては、第42条第5項にかかわらず、議長は、総会に出席した組合員（書面又は代理人によって議決権を行使する者を含む）の議決権の過半数をもって、組合員の中から選任する。

（イ）電磁的方法が利用可能な場合
　　3　前2項により招集された臨時総会においては、第42条第5項にかかわらず、議長は、総会に出席した組合員（書面、電磁的方法（電子情報処理組織を使用する方法その他の情報通信の技術を利用する方法であって次項に定めるものをいう。以下同じ）又は代理人によって議決権を行使する者を含む）の議決権の過半数をもって、組合員の中から選任する。

　　4　前項の電磁的方法は、次に掲げる方法によるものとする。
　　　一　送信者の使用に係る電子計算機と受信者の使用に係る電子計算機とを電気通信回線で接続した電子情報処理組織を使用する方法であって、当該電気通信回線を通じて情報が送信され、受信者の使用に係る電子計算機に備えられたファイルに当該情報が記録されるもの

> 二 磁気ディスクその他これに準ずる方法により一定の情報を確実に記録しておくことができる物をもって調製するファイルに情報を記録したもの（以下「電磁的記録」という）を交付する方法

（出席資格）
第45条 組合員のほか、理事会が必要と認めた者は、総会に出席することができる。
2 区分所有者の承諾を得て専有部分を占有する者は、会議の目的につき利害関係を有する場合には、総会に出席して意見を述べることができる。この場合において、総会に出席して意見を述べようとする者は、あらかじめ理事長にその旨を通知しなければならない。

（議決権）
第46条 各組合員の議決権の割合は、別表第5に掲げるとおりとする。
2 住戸1戸が数人の共有に属する場合、その議決権行使については、これら共有者をあわせて一の組合員とみなす。
3 前項により一の組合員とみなされる者は、議決権を行使する者1名を選任し、その者の氏名をあらかじめ総会開会までに理事長に届け出なければならない。
4 組合員は、書面又は代理人によって議決権を行使することができる。
5 組合員が代理人により議決権を行使しようとする場合において、その代理人は、以下の各号に掲げる者でなければならない。
　一 その組合員の配偶者（婚姻の届出をしていないが事実上婚姻関係と同様の事情にある者を含む）又は一親等の親族
　二 その組合員の住戸に同居する親族
　三 他の組合員
6 組合員又は代理人は、代理権を証する書面を理事長に提出しなければならない。

> 〔※管理組合における電磁的方法の利用状況に応じて、次のように規定〕
> **（ア）電磁的方法が利用可能ではない場合**
> 　（規定なし）
> **（イ）電磁的方法が利用可能な場合**
> 　7 組合員は、第4項の書面による議決権の行使に代えて、電磁的方法によって議決権を行使することができる。

（総会の会議及び議事）
第47条　総会の会議は、前条第1項に定める議決権総数の半数以上を有する組合員が出席しなければならない。
2　総会の議事は、出席組合員の議決権の過半数で決する。
3　次の各号に掲げる事項に関する総会の議事は、前項にかかわらず、組合員総数の4分の3以上及び議決権総数の4分の3以上で決する。
　一　規約の制定、変更又は廃止
　二　敷地及び共用部分等の変更（その形状又は効用の著しい変更を伴わないもの及び建築物の耐震改修の促進に関する法律第25条第2項に基づく認定を受けた建物の耐震改修を除く）
　三　区分所有法第58条第1項、第59条第1項又は第60条第1項の訴えの提起
　四　建物の価格の2分の1を超える部分が滅失した場合の滅失した共用部分の復旧
　五　その他総会において本項の方法により決議することとした事項
4　建替え決議は、第2項にかかわらず、組合員総数の5分の4以上及び議決権総数の5分の4以上で行う。
5　マンション敷地売却決議は、第2項にかかわらず、組合員総数、議決権総数及び敷地利用権の持分の価格の各5分の4以上で行う。

〔※管理組合における電磁的方法の利用状況に応じて、次のように規定〕

（ア）電磁的方法が利用可能ではない場合
　　6　前5項の場合において、書面又は代理人によって議決権を行使する者は、出席組合員とみなす。
（イ）電磁的方法が利用可能な場合
　　6　前5項の場合において、書面、電磁的方法又は代理人によって議決権を行使する者は、出席組合員とみなす。

7　第3項第一号において、規約の制定、変更又は廃止が一部の組合員の権利に特別の影響を及ぼすべきときは、その承諾を得なければならない。この場合において、その組合員は正当な理由がなければこれを拒否してはならない。
8　第3項第二号において、敷地及び共用部分等の変更が、専有部分又は専用使用部分の使用に特別の影響を及ぼすべきときは、その専有部分を所有する組合員又はその専用使用部分の専用使用を認められている組合員の承

諾を得なければならない。この場合において、その組合員は正当な理由がなければこれを拒否してはならない。
9　第3項第三号に掲げる事項の決議を行うには、あらかじめ当該組合員又は占有者に対し、弁明する機会を与えなければならない。
10　総会においては、第43条第1項によりあらかじめ通知した事項についてのみ、決議することができる。

（議決事項）
第48条　次の各号に掲げる事項については、総会の決議を経なければならない。
　一　収支決算及び事業報告
　二　収支予算及び事業計画
　三　管理費等及び使用料の額並びに賦課徴収方法
　四　規約及び使用細則等の制定、変更又は廃止
　五　長期修繕計画の作成又は変更
　六　第28条第1項に定める特別の管理の実施並びにそれに充てるための資金の借入れ及び修繕積立金の取崩し
　七　第28条第2項及び第3項に定める建替え等に係る計画又は設計等の経費のための修繕積立金の取崩し
　八　修繕積立金の保管及び運用方法
　九　第21条第2項に定める管理の実施
　十　区分所有法第57条第2項及び前条第3項第三号の訴えの提起並びにこれらの訴えを提起すべき者の選任
　十一　建物の一部が滅失した場合の滅失した共用部分の復旧
　十二　区分所有法第62条第1項の場合の建替え及び円滑化法第108条第1項の場合のマンション敷地売却
　十三　役員の選任及び解任並びに役員活動費の額及び支払方法
　十四　組合管理部分に関する管理委託契約の締結
　十五　その他管理組合の業務に関する重要事項

〔※管理組合における電磁的方法の利用状況に応じて、次のように規定〕
（ア）電磁的方法が利用可能ではない場合
（議事録の作成、保管等）
第49条　総会の議事については、議長は、議事録を作成しなければならない。
　2　議事録には、議事の経過の要領及びその結果を記載し、議長及び議長の指名する2名の総会に出席した組合員がこれに署名押印

しなければならない。
　3　理事長は、議事録を保管し、組合員又は利害関係人の書面による請求があったときは、議事録の閲覧をさせなければならない。この場合において、閲覧につき、相当の日時、場所等を指定することができる。
　4　理事長は、所定の掲示場所に、議事録の保管場所を掲示しなければならない。
（書面による決議）
　第50条　規約により総会において決議をすべき場合において、組合員全員の承諾があるときは、書面による決議をすることができる。
　2　規約により総会において決議すべきものとされた事項については、組合員全員の書面による合意があったときは、書面による決議があったものとみなす。
　3　規約により総会において決議すべきものとされた事項についての書面による決議は、総会の決議と同一の効力を有する。
　4　前条第3項及び第4項の規定は、書面による決議に係る書面について準用する。
　5　総会に関する規定は、書面による決議について準用する。
（イ）電磁的方法が利用可能な場合
（議事録の作成、保管等）
　第49条　総会の議事については、議長は、書面又は電磁的記録により、議事録を作成しなければならない。
　2　議事録には、議事の経過の要領及びその結果を記載し、又は記録しなければならない。
　3　前項の場合において、議事録が書面で作成されているときは、議長及び議長の指名する2名の総会に出席した組合員がこれに署名押印しなければならない。
　4　第2項の場合において、議事録が電磁的記録で作成されているときは、当該電磁的記録に記録された情報については、議長及び議長の指名する2名の総会に出席した組合員が電子署名（電子署名及び認証業務に関する法律（平成12年法律第102号）第2条第1項の「電子署名」をいう。以下同じ）をしなければならない。
　5　理事長は、議事録を保管し、組合員又は利害関係人の書面又は電磁的方法による請求があったときは、議事録の閲覧（議事録が電磁的記録で作成されているときは、当該電磁的記録に記録され

た情報の内容を紙面又は出力装置の映像面に表示する方法により表示したものの当該議事録の保管場所における閲覧をいう）をさせなければならない。この場合において、閲覧につき、相当の日時、場所等を指定することができる。
6　理事長は、所定の掲示場所に、議事録の保管場所を掲示しなければならない。

（書面又は電磁的方法による決議）
第50条　規約により総会において決議をすべき場合において、組合員全員の承諾があるときは、書面又は電磁的方法による決議をすることができる。ただし、電磁的方法による決議に係る組合員の承諾については、あらかじめ、組合員に対し、その用いる電磁的方法の種類及び内容を示し、書面又は電磁的方法による承諾を得なければならない。
2　前項の電磁的方法の種類及び内容は、次に掲げる事項とする。
　一　第44条第4項各号に定める電磁的方法のうち、送信者が使用するもの
　二　ファイルへの記録の方式
3　規約により総会において決議すべきものとされた事項については、組合員の全員の書面又は電磁的方法による合意があったときは、書面又は電磁的方法による決議があったものとみなす。
4　規約により総会において決議すべきものとされた事項についての書面又は電磁的方法による決議は、総会の決議と同一の効力を有する。
5　前条第5項及び第6項の規定は、書面又は電磁的方法による決議に係る書面並びに第1項及び第3項の電磁的方法が行われた場合に当該電磁的方法により作成される電磁的記録について準用する。
6　総会に関する規定は、書面又は電磁的方法による決議について準用する。

第5節　理事会

（理事会）
第51条　理事会は、理事をもって構成する。
2　理事会は、次に掲げる職務を行う。
　一　規約若しくは使用細則等又は総会の決議により理事会の権限として定められた管理組合の業務執行の決定

二　理事の職務の執行の監督
三　理事長、副理事長及び会計担当理事の選任
3　理事会の議長は、理事長が務める。

(招集)
第52条　理事会は、理事長が招集する。
2　理事が○分の1以上の理事の同意を得て理事会の招集を請求した場合には、理事長は速やかに理事会を招集しなければならない。
3　前項の規定による請求があった日から○日以内に、その請求があった日から○日以内の日を理事会の日とする理事会の招集の通知が発せられない場合には、その請求をした理事は、理事会を招集することができる。
4　理事会の招集手続については、第43条（建替え決議又はマンション敷地売却決議を会議の目的とする場合の第1項及び第4項から第8項までを除く）の規定を準用する。この場合において、同条中「組合員」とあるのは「理事及び監事」と、同条第9項中「理事会の承認」とあるのは「理事及び監事の全員の同意」と読み替えるものとする。ただし、理事会において別段の定めをすることができる。

(理事会の会議及び議事)
第53条　理事会の会議は、理事の半数以上が出席しなければ開くことができず、その議事は出席理事の過半数で決する。
2　次条第1項第五号に掲げる事項については、理事の過半数の承諾があるときは、書面又は電磁的方法による決議によることができる。
3　前2項の決議について特別の利害関係を有する理事は、議決に加わることができない。

〔※管理組合における電磁的方法の利用状況に応じて、次のように規定〕

(ア) **電磁的方法が利用可能ではない場合**
　　4　議事録については、第49条（第4項を除く）の規定を準用する。ただし、第49条第2項中「総会に出席した組合員」とあるのは「理事会に出席した理事」と読み替えるものとする。

(イ) **電磁的方法が利用可能な場合**
　　4　議事録については、第49条（第6項を除く）の規定を準用する。ただし、第49条第3項中「総会に出席した組合員」とあるのは「理事会に出席した理事」と読み替えるものとする。

（議決事項）
第54条　理事会は、この規約に別に定めるもののほか、次の各号に掲げる事項を決議する。
　一　収支決算案、事業報告案、収支予算案及び事業計画案
　二　規約及び使用細則等の制定、変更又は廃止に関する案
　三　長期修繕計画の作成又は変更に関する案
　四　その他の総会提出議案
　五　第17条、第21条及び第22条に定める承認又は不承認
　六　第58条第3項に定める承認又は不承認
　七　第60条第4項に定める未納の管理費等及び使用料の請求に関する訴訟その他法的措置の追行
　八　第67条に定める勧告又は指示等
　九　総会から付託された事項
　十　災害等により総会の開催が困難である場合における応急的な修繕工事の実施等
2　第48条の規定にかかわらず、理事会は、前項第十号の決議をした場合においては、当該決議に係る応急的な修繕工事の実施に充てるための資金の借入れ及び修繕積立金の取崩しについて決議することができる。

（専門委員会の設置）
第55条　理事会は、その責任と権限の範囲内において、専門委員会を設置し、特定の課題を調査又は検討させることができる。
2　専門委員会は、調査又は検討した結果を理事会に具申する。

第7章　会計

（会計年度）
第56条　管理組合の会計年度は、毎年〇月〇日から翌年〇月〇日までとする。

（管理組合の収入及び支出）
第57条　管理組合の会計における収入は、第25条に定める管理費等及び第29条に定める使用料によるものとし、その支出は第27条から第29条に定めるところにより諸費用に充当する。

（収支予算の作成及び変更）
第58条　理事長は、毎会計年度の収支予算案を通常総会に提出し、その承認を得なければならない。
2　収支予算を変更しようとするときは、理事長は、その案を臨時総会に提出し、その承認を得なければならない。

3　理事長は、第56条に定める会計年度の開始後、第1項に定める承認を得るまでの間に、以下の各号に掲げる経費の支出が必要となった場合には、理事会の承認を得てその支出を行うことができる。
　一　第27条に定める通常の管理に要する経費のうち、経常的であり、かつ、第1項の承認を得る前に支出することがやむを得ないと認められるもの
　二　総会の承認を得て実施している長期の施工期間を要する工事に係る経費であって、第1項の承認を得る前に支出することがやむを得ないと認められるもの
4　前項の規定に基づき行った支出は、第1項の規定により収支予算案の承認を得たときは、当該収支予算案による支出とみなす。
5　理事会が第54条第1項第十号の決議をした場合には、理事長は、同条第2項の決議に基づき、その支出を行うことができる。
6　理事長は、第21条第6項の規定に基づき、敷地及び共用部分等の保存行為を行う場合には、そのために必要な支出を行うことができる。

（会計報告）
第59条　理事長は、毎会計年度の収支決算案を監事の会計監査を経て、通常総会に報告し、その承認を得なければならない。

（管理費等の徴収）
第60条　管理組合は、第25条に定める管理費等及び第29条に定める使用料について、組合員が各自開設する預金口座から口座振替の方法により第62条に定める口座に受け入れることとし、当月分は別に定める徴収日までに一括して徴収する。ただし、臨時に要する費用として特別に徴収する場合には、別に定めるところによる。
2　組合員が前項の期日までに納付すべき金額を納付しない場合には、管理組合は、その未払金額について、年利○％の遅延損害金と、違約金としての弁護士費用並びに督促及び徴収の諸費用を加算して、その組合員に対して請求することができる。
3　管理組合は、納付すべき金額を納付しない組合員に対し、督促を行うなど、必要な措置を講ずるものとする。
4　理事長は、未納の管理費等及び使用料の請求に関して、理事会の決議により、管理組合を代表して、訴訟その他法的措置を追行することができる。
5　第2項に基づき請求した遅延損害金、弁護士費用並びに督促及び徴収の諸費用に相当する収納金は、第27条に定める費用に充当する。
6　組合員は、納付した管理費等及び使用料について、その返還請求又は分割請求をすることができない。

(管理費等の過不足)
第61条　収支決算の結果、管理費に余剰を生じた場合には、その余剰は翌年度における管理費に充当する。
2　管理費等に不足を生じた場合には、管理組合は組合員に対して第25条第2項に定める管理費等の負担割合により、その都度必要な金額の負担を求めることができる。

(預金口座の開設)
第62条　管理組合は、会計業務を遂行するため、管理組合の預金口座を開設するものとする。

(借入れ)
第63条　管理組合は、第28条第1項に定める業務を行うため必要な範囲内において、借入れをすることができる。

〔※管理組合における電磁的方法の利用状況に応じて、次のように規定〕

(ア) 電磁的方法が利用可能ではない場合
(帳票類等の作成、保管)
第64条　理事長は、会計帳簿、什器備品台帳、組合員名簿及びその他の帳票類を作成して保管し、組合員又は利害関係人の理由を付した書面による請求があったときは、これらを閲覧させなければならない。この場合において、閲覧につき、相当の日時、場所等を指定することができる。
2　理事長は、第32条第三号の長期修繕計画書、同条第五号の設計図書及び同条第六号の修繕等の履歴情報を保管し、組合員又は利害関係人の理由を付した書面による請求があったときは、これらを閲覧させなければならない。この場合において、閲覧につき、相当の日時、場所等を指定することができる。
3　理事長は、第49条第3項（第53条第4項において準用される場合を含む）、本条第1項及び第2項並びに第72条第2項及び第4項の規定により閲覧の対象とされる管理組合の財務・管理に関する情報については、組合員又は利害関係人の理由を付した書面による請求

(イ) 電磁的方法が利用可能な場合
(帳票類等の作成、保管)
第64条　理事長は、会計帳簿、什器備品台帳、組合員名簿及びその他の帳票類を、書面又は電磁的記録により作成して保管し、組合員又は利害関係人の理由を付した書面又は電磁的方法による請求があった

ときは、これらを閲覧させなければならない。この場合において、閲覧につき、相当の日時、場所等を指定することができる。
2　理事長は、第32条第三号の長期修繕計画書、同条第五号の設計図書及び同条第六号の修繕等の履歴情報を、書面又は電磁的記録により保管し、組合員又は利害関係人の理由を付した書面又は電磁的方法による請求があったときは、これらを閲覧させなければならない。この場合において、閲覧につき、相当の日時、場所等を指定することができる。
3　理事長は、第49条第5項（第53条第4項において準用される場合を含む）、本条第1項及び第2項並びに第72条第2項及び第4項の規定により閲覧の対象とされる管理組合の財務・管理に関する情報については、組合員又は利害関係人の理由を付した書面又は電磁的方法による請求に基づき、当該請求をした者が求める情報を記入した書面を交付し、又は当該書面に記載すべき事項を電磁的方法により提供することができる。この場合において、理事長は、交付の相手方にその費用を負担させることができる。
4　電磁的記録により作成された書類等の閲覧については、第49条第5項に定める議事録の閲覧に関する規定を準用する。

（消滅時の財産の清算）
第65条　管理組合が消滅する場合、その残余財産については、第10条に定める各区分所有者の共用部分の共有持分割合に応じて各区分所有者に帰属するものとする。

第8章　雑則

（義務違反者に対する措置）
第66条　区分所有者又は占有者が建物の保存に有害な行為その他建物の管理又は使用に関し区分所有者の共同の利益に反する行為をした場合又はその行為をするおそれがある場合には、区分所有法第57条から第60条までの規定に基づき必要な措置をとることができる。

（理事長の勧告及び指示等）
第67条　区分所有者若しくはその同居人又は専有部分の貸与を受けた者若しくはその同居人（以下「区分所有者等」という）が、法令、規約又は使用細則等に違反したとき、又は対象物件内における共同生活の秩序を乱す行

為を行ったときは、理事長は、理事会の決議を経てその区分所有者等に対し、その是正等のため必要な勧告又は指示若しくは警告を行うことができる。
2　区分所有者は、その同居人又はその所有する専有部分の貸与を受けた者若しくはその同居人が前項の行為を行った場合には、その是正等のため必要な措置を講じなければならない。
3　区分所有者等がこの規約若しくは使用細則等に違反したとき、又は区分所有者等若しくは区分所有者等以外の第三者が敷地及び共用部分等において不法行為を行ったときは、理事長は、理事会の決議を経て、次の措置を講ずることができる。
　一　行為の差止め、排除又は原状回復のための必要な措置の請求に関し、管理組合を代表して、訴訟その他法的措置を追行すること
　二　敷地及び共用部分等について生じた損害賠償金又は不当利得による返還金の請求又は受領に関し、区分所有者のために、訴訟において原告又は被告となること、その他法的措置をとること
4　前項の訴えを提起する場合、理事長は、請求の相手方に対し、違約金としての弁護士費用及び差止め等の諸費用を請求することができる。
5　前項に基づき請求した弁護士費用及び差止め等の諸費用に相当する収納金は、第27条に定める費用に充当する。
6　理事長は、第3項の規定に基づき、区分所有者のために、原告又は被告となったときは、遅滞なく、区分所有者にその旨を通知しなければならない。この場合には、第43条第2項及び第3項の規定を準用する。

（合意管轄裁判所）
第68条　この規約に関する管理組合と組合員間の訴訟については、対象物件所在地を管轄する○○地方（簡易）裁判所をもって、第一審管轄裁判所とする。
2　第48条第十号に関する訴訟についても、前項と同様とする。

（市及び近隣住民との協定の遵守）
第69条　区分所有者は、管理組合が○○市又は近隣住民と締結した協定について、これを誠実に遵守しなければならない。

（細則）
第70条　総会及び理事会の運営、会計処理、管理組合への届出事項等については、別に細則を定めることができる。

（規約外事項）
第71条　規約及び使用細則等に定めのない事項については、区分所有法その他の法令の定めるところによる。
2　規約、使用細則等又は法令のいずれにも定めのない事項については、総

会の決議により定める。

〔※管理組合における電磁的方法の利用状況に応じて、次のように規定〕

(ア) 電磁的方法が利用可能ではない場合
（規約原本等）
第72条　この規約を証するため、区分所有者全員が記名押印した規約を1通作成し、これを規約原本とする。
2　規約原本は、理事長が保管し、区分所有者又は利害関係人の書面による請求があったときは、規約原本の閲覧をさせなければならない。
3　規約が規約原本の内容から総会決議により変更されているときは、理事長は、1通の書面に、現に有効な規約の内容と、その内容が規約原本及び規約変更を決議した総会の議事録の内容と相違ないことを記載し、署名押印した上で、この書面を保管する。
4　区分所有者又は利害関係人の書面による請求があったときは、理事長は、規約原本、規約変更を決議した総会の議事録及び現に有効な規約の内容を記載した書面（以下「規約原本等」という）並びに現に有効な第18条に基づく使用細則及び第70条に基づく細則その他の細則の内容を記載した書面（以下「使用細則等」という）の閲覧をさせなければなければならない。
5　第2項及び前項の場合において、理事長は、閲覧につき、相当の日時、場所等を指定することができる。
6　理事長は、所定の掲示場所に、規約原本等及び使用細則等の保管場所を掲示しなければならない。

(イ) 電磁的方法が利用可能な場合
（規約原本等）
第72条　この規約を証するため、区分所有者全員が書面に記名押印又は電磁的記録に電子署名した規約を1通作成し、これを規約原本とする。
2　規約原本は、理事長が保管し、区分所有者又は利害関係人の書面又は電磁的方法による請求があったときは、規約原本の閲覧をさせなければならない。
3　規約が規約原本の内容から総会決議により変更されているときは、理事長は、1通の書面又は電磁的記録に、現に有効な規約の内容と、その内容が規約原本及び規約変更を決議した総会の議事

録の内容と相違ないことを記載又は記録し、署名押印又は電子署名した上で、この書面又は電磁的記録を保管する。
4 区分所有者又は利害関係人の書面又は電磁的方法による請求があったときは、理事長は、規約原本、規約変更を決議した総会の議事録及び現に有効な規約の内容を記載した書面又は記録した電磁的記録（以下「規約原本等」という）並びに現に有効な第18条に基づく使用細則及び第70条に基づく細則その他の細則の内容を記載した書面又は記録した電磁的記録（以下「使用細則等」という）の閲覧をさせなければならない。
5 第2項及び前項の場合において、理事長は、閲覧につき、相当の日時、場所等を指定することができる。
6 理事長は、所定の掲示場所に、規約原本等及び使用細則等の保管場所を掲示しなければならない。
7 電磁的記録により作成された規約原本等及び使用細則等の閲覧については、第49条第5項に定める議事録の閲覧に関する規定を準用する。

附　則

（規約の発効）
第1条　この規約は、平成○年○月○日から効力を発する。

別表第1　対象物件の表示

	物件名	
敷地	所在地	
	面積	
	権利関係	
建物	構造等	造　地上　　階　地下　　階　塔屋　　階建共同住宅 延べ面積　　　㎡　建築面積　　　㎡
	専有部分	住戸戸数　　　戸 延べ面積　　　㎡
附属施設		塀、フェンス、駐車場、通路、自転車置場、ごみ集積所、排水溝、排水口、外灯設備、植栽、掲示板、専用庭、プレイロット等建物に附属する施設

別表第2　共用部分の範囲
1　エントランスホール、廊下、階段、エレベーターホール、エレベーター室、共用トイレ、屋上、屋根、塔屋、ポンプ室、自家用電気室、機械室、受水槽室、高置水槽室、パイプスペース、メーターボックス（給湯器ボイラー等の設備を除く）、内外壁、界壁、床スラブ、床、天井、柱、基礎部分、バルコニー等専有部分に属さない「建物の部分」
2　エレベーター設備、電気設備、給水設備、排水設備、消防・防災設備、インターネット通信設備、テレビ共同受信設備、オートロック設備、宅配ボックス、避雷設備、集合郵便受箱、各種の配線配管（給水管については、本管から各住戸メーターを含む部分、雑排水管及び汚水管については、配管継手及び立て管）等専有部分に属さない「建物の附属物」
3　管理事務室、管理用倉庫、清掃員控室、集会室、トランクルーム、倉庫及びそれらの附属物

別表第3　敷地及び共用部分等の共有持分割合

住戸番号 \ 持分割合	敷地及附属施設	共用部分
○○号室	○○○分の○○	○○○分の○○
○○号室	○○○分の○○	○○○分の○○
○○号室	○○○分の○○	○○○分の○○
○○号室	○○○分の○○	○○○分の○○
○○号室	○○○分の○○	○○○分の○○
・	・	・
・	・	・
・	・	・
・	・	・
・	・	・
合計	○○○分の○○○	○○○分の○○○

別表第4　バルコニー等の専用使用権

区分 \ 専用使用部分	バルコニー	玄関扉、窓枠、窓ガラス	1階に面する庭	屋上テラス
1 位置	各住戸に接するバルコニー	各住戸に付属する玄関扉、窓枠、窓ガラス	別添図のとおり	別添図のとおり

| 2 専用使用権者 | 当該専有部分の区分所有者 | 同 左 | ○○号室住戸の区分所有者 | ○○号室住戸の区分所有者 |

別表第5　議決権割合

住戸番号	議決権割合	住戸番号	議決権割合
○○号室	○○○分の○○	○○号室	○○○分の○○
○○号室	○○○分の○○	○○号室	○○○分の○○
○○号室	○○○分の○○	○○号室	○○○分の○○
○○号室	○○○分の○○	○○号室	○○○分の○○
○○号室	○○○分の○○	○○号室	○○○分の○○
・	・	・	・
・	・	・	・
・	・	・	・
・	・	・	・
		合計	○○○分の○○

マンション管理適正化指針の見方

マンション管理適正化指針とは

　マンションの管理の適正化の推進に関する法律に基づき、マンション管理の適正化を推進するために、必要な事項を定めた基本方針がマンション管理適正化指針です。管理の基本的方向を示すことが目的であり、そのための組織である管理組合の運営に関してや、マンションの建物を長期間使用し続ける中で必要不可欠である長期修繕計画の策定・見直し等に関する規定を置いています。

　平成28年３月の改正では、コミュニティ形成の積極的な取り組みに関する規定が新たに明記されました。マンションの適正な管理には、管理組合による取組みのみでは不十分であり、マンションにおけるコミュニティ形成が、日常的なトラブルの防止や防犯などの観点から重要であり、良好なコミュニティを積極的に形成することが推奨されています。また、外部の専門家が管理組合の役員等に就任することが可能になり、その場合には、組合員等が役員の選任や業務の監視等を適正に行うなどの留意事項が明記されました。その他にも、良好な居住環境の維持・向上に関する規定が新たに盛り込まれています。

その他のモデル書式や指針

　国土交通省のホームページには、管理会社にマンション管理を委託する場合の標準的な契約書のモデルである「マンション標準管理委託契約書」やマンション管理にあたって留意すべき項目と対応を示した「マンション管理標準指針」などが掲載されています。こういったモデル書式や指針を参考にした上で管理のより一層の適正化を図るようにするとよいでしょう。

資料 マンションの管理の適正化に関する指針

マンションの管理の適正化に関する指針

(平成13年8月1日国土交通省告示第1289号)

　マンションの管理の適正化の推進に関する法律(平成12年法律第149号)第三条に基づき、マンションの管理の適正化に関する指針を定めたので、同条の規定に基づき、公表する。

　我が国におけるマンションは、土地利用の高度化の進展に伴い、職住近接という利便性や住空間の有効活用という機能性に対する積極的な評価、マンションの建設・購入に対する融資制度や税制の整備を背景に、都市部を中心に持家として定着し、重要な居住形態となっている。

　その一方で、一つの建物を多くの人が区分して所有するマンションは、各区分所有者等の共同生活に対する意識の相違、多様な価値観を持った区分所有者間の意思決定の難しさ、利用形態の混在による権利・利用関係の複雑さ、建物構造上の技術的判断の難しさなど、建物を維持管理していく上で、多くの課題を有している。

　特に、今後、建築後相当の年数を経たマンションが、急激に増大していくものと見込まれることから、これらに対して適切な修繕がなされないままに放置されると、老朽化したマンションは、区分所有者自らの居住環境の低下のみならず、ひいては周辺の住環境や都市環境の低下など、深刻な問題を引き起こす可能性がある。

　このような状況の中で、我が国における国民生活の安定向上と国民経済の健全な発展に寄与するためには、管理組合によるマンションの適正な管理が行われることが重要である。

　この指針は、このような認識の下に、管理組合によるマンションの管理の適正化を推進するため、必要な事項を定めるものである。

　また、マンションにおけるコミュニティ形成は、日常的なトラブルの防止や防災減災、防犯などの観点から重要なものであり、管理組合においても、建物の区分所有等に関する法律(昭和37年法律第69号)に則り、良好なコミュニティの形成に積極的に取り組むことが望ましい。

一　マンションの管理の適正化の基本的方向
　　マンションは、今や我が国における重要な居住形態となり、その適切な管理は、マンションの区分所有者等だけでなく、社会的にも要請されているところである。

このようなマンションの重要性にかんがみ、マンションを社会的資産として、この資産価値をできる限り保全し、かつ、快適な居住環境が確保できるように、以下の点を踏まえつつ、マンションの管理を行うことを基本とするべきである。
1　マンションの管理の主体は、マンションの区分所有者等で構成される管理組合であり、管理組合は、マンションの区分所有者等の意見が十分に反映されるよう、また、長期的な見通しを持って、適正な運営を行うことが重要である。特に、その経理は、健全な会計を確保するよう、十分な配慮がなされる必要がある。また、第三者に管理事務を委託する場合は、その内容を十分に検討して契約を締結する必要がある。
2　管理組合を構成するマンションの区分所有者等は、管理組合の一員としての役割を十分認識して、管理組合の運営に関心を持ち、積極的に参加する等、その役割を適切に果たすよう努める必要がある。
3　マンションの管理は、専門的な知識を必要とすることが多いため、管理組合は、問題に応じ、マンション管理士等専門的知識を有する者の支援を得ながら、主体性をもって適切な対応をするよう心がけることが重要である。
4　さらに、マンションの状況によっては、外部の専門家が、管理組合の管理者等又は役員に就任することも考えられるが、その場合には、マンションの区分所有者等が当該管理者等又は役員の選任や業務の監視等を適正に行うとともに、監視・監督の強化のための措置等を講じることにより適正な業務運営を担保することが重要である。
5　マンションの管理の適正化を推進するため、国、地方公共団体及びマンション管理適正化推進センターは、その役割に応じ、必要な情報提供等を行うよう、支援体制を整備・強化することが必要である。

二　マンションの管理の適正化の推進のために管理組合が留意すべき基本的事項
　1　管理組合の運営
　　　管理組合の自立的な運営は、マンションの区分所有者等の全員が参加し、その意見を反映することにより成り立つものである。そのため、管理組合の運営は、情報の開示、運営の透明化等、開かれた民主的なものとする必要がある。また、集会は、管理組合の最高意思決定機関である。したがって、管理組合の管理者等は、その意思決定にあたっては、事前に必要な資料を整備し、集会において適切な判断が行われるよう配慮する必要がある。

管理組合の管理者等は、マンション管理の目的が達成できるように、法令等を遵守し、マンションの区分所有者等のため、誠実にその職務を執行する必要がある。

2 管理規約

管理規約は、マンション管理の最高自治規範であることから、その作成にあたっては、管理組合は、建物の区分所有等に関する法律に則り、「マンション標準管理規約」を参考として、当該マンションの実態及びマンションの区分所有者等の意向を踏まえ、適切なものを作成し、必要に応じ、その改正を行うことが重要である。さらに、快適な居住環境を目指し、マンションの区分所有者等間のトラブルを未然に防止するために、使用細則等マンションの実態に即した具体的な住まい方のルールを定めておくことが肝要である。

管理規約又は使用細則等に違反する行為があった場合、管理組合の管理者等は、その是正のため、必要な勧告、指示等を行うとともに、法令等に則り、その是正又は排除を求める措置をとることが重要である。

3 共用部分の範囲及び管理費用の明確化

管理組合は、マンションの快適な居住環境を確保するため、あらかじめ、共用部分の範囲及び管理費用を明確にし、トラブルの未然防止を図ることが重要である。

特に、専有部分と共用部分の区分、専用使用部分と共用部分の管理及び駐車場の使用等に関してトラブルが生じることが多いことから、適正な利用と公平な負担が確保されるよう、各部分の範囲及びこれに対するマンションの区分所有者等の負担を明確に定めておくことが望ましい。

4 管理組合の経理

管理組合がその機能を発揮するためには、その経済的基盤が確立されていることが重要である。このため、管理費及び修繕積立金等について必要な費用を徴収するとともに、これらの費目を明確に区分して経理を行い、適正に管理する必要がある。

また、管理組合の管理者等は、必要な帳票類を作成してこれを保管するとともに、マンションの区分所有者等の請求があった時は、これを速やかに開示することにより、経理の透明性を確保する必要がある。

5 長期修繕計画の策定及び見直し等

マンションの快適な居住環境を確保し、資産価値の維持・向上を図るためには、適時適切な維持修繕を行うことが重要である。特に、経年による劣化に対応するため、あらかじめ長期修繕計画を策定し、必要な修

繕積立金を積み立てておくことが必要である。
　長期修繕計画の策定及び見直しにあたっては、「長期修繕計画作成ガイドライン」を参考に、必要に応じ、マンション管理士等専門的知識を有する者の意見を求め、また、あらかじめ建物診断等を行って、その計画を適切なものとするよう配慮する必要がある。
　長期修繕計画の実効性を確保するためには、修繕内容、資金計画を適正かつ明確に定め、それらをマンションの区分所有者等に十分周知させることが必要である。
　管理組合の管理者等は、維持修繕を円滑かつ適切に実施するため、設計に関する図書等を保管することが重要である。また、この図書等について、マンションの区分所有者等の求めに応じ、適時閲覧できるようにすることが望ましい。
　なお、建築後相当の年数を経たマンションにおいては、長期修繕計画の検討を行う際には、必要に応じ、建替え等についても視野に入れて検討することが望ましい。建替え等の検討にあたっては、その過程をマンションの区分所有者等に周知させるなど透明性に配慮しつつ、各区分所有者等の意向を十分把握し、合意形成を図りながら進めることが必要である。

6　発注等の適正化
　管理業務の委託や工事の発注等については、利益相反等に注意して、適正に行われる必要があるが、とりわけ外部の専門家が管理組合の管理者等又は役員に就任する場合においては、マンションの区分所有者等から信頼されるような発注等に係るルールの整備が必要である。

7　良好な居住環境の維持及び向上
　マンションにおけるコミュニティ形成については、自治会及び町内会等（以下「自治会」という）は、管理組合と異なり、各居住者が各自の判断で加入するものであることに留意するとともに、特に管理費の使途については、マンションの管理と自治会活動の範囲・相互関係を整理し、管理費と自治会費の徴収、支出を分けて適切に運用することが必要である。なお、このように適切な峻別や、代行徴収に係る負担の整理が行われるのであれば、自治会費の徴収を代行することや、防災や美化などのマンションの管理業務を自治会が行う活動と連携して行うことも差し支えない。

8　その他配慮すべき事項
　マンションが団地を構成する場合には、各棟固有の事情を踏まえなが

ら、全棟の連携をとって、全体としての適切な管理がなされるように配慮することが重要である。
　また、複合用途型マンションにあっては、住宅部分と非住宅部分との利害の調整を図り、その管理、費用負担等について適切な配慮をすることが重要である。

三　マンションの管理の適正化の推進のためにマンションの区分所有者等が留意すべき基本的事項等

　マンションを購入しようとする者は、マンションの管理の重要性を十分認識し、売買契約だけでなく、管理規約、使用細則、管理委託契約、長期修繕計画等管理に関する事項に十分に留意する必要がある。
　また、マンションの区分所有者等は、マンションの居住形態が戸建てのものとは異なり、相隣関係等に配慮を要する住まい方であることを十分に認識し、その上で、マンションの快適かつ適正な利用と資産価値の維持を図るため、管理組合の一員として、進んで、集会その他の管理組合の管理運営に参加するとともに、定められた管理規約、集会の決議等を遵守する必要がある。そのためにも、マンションの区分所有者等は、マンションの管理に関する法律等に関する理解を深める必要がある。
　専有部分の賃借人等の占有者は、建物又はその敷地若しくは附属施設の使用方法につき、マンションの区分所有者等が管理規約又は集会の決議に基づいて負う義務と同一の義務を負うことに十分に留意することが重要である。

四　マンションの管理の適正化の推進のための管理委託に関する基本的事項

　管理組合は、マンションの管理の主体は管理組合自身であることを認識したうえで、管理事務の全部又は一部を第三者に委託しようとする場合は、その委託内容を十分に検討し、書面をもって管理委託契約を締結することが重要である。
　なお、管理委託契約先を選定する場合には、管理組合の管理者等は、事前に必要な資料を収集し、マンションの区分所有者等にその情報を公開するとともに、マンション管理業者の行う説明会を活用し、適正な選定がなされるように努める必要がある。
　また、管理委託契約先が選定されたときは、管理組合の管理者等は、当該契約内容を周知するとともに、マンション管理業者の行う管理事務の報告等を活用し、管理事務の適正化が図られるよう努める必要がある。
　万一、マンション管理業者の業務に関して問題が生じた場合には、管理組合は、当該マンション管理業者にその解決を求めるとともに、必要に応

じ、マンション管理業者の所属する団体にその解決を求める等の措置を講じることが必要である。

五　マンション管理士制度の普及と活用について

　マンションの管理は、専門的な知識を要する事項が多いため、国、地方公共団体及びマンション管理適正化推進センターは、マンション管理士制度が早期に定着し、広く利用されることとなるよう、その普及のために必要な啓発を行い、マンション管理士に関する情報提供に努める必要がある。

　なお、管理組合の管理者等は、マンションの管理の適正化を図るため、必要に応じ、マンション管理士等専門的知識を有する者の知見の活用を考慮することが重要である。

六　国、地方公共団体及びマンション管理適正化推進センターの支援

　マンションの管理の適正化を推進するためには、「マンション標準管理規約」をはじめ必要な情報・資料の提供、技術的支援等が不可欠である。

　このため、国及び地方公共団体は、必要に応じ、マンションの実態の調査及び把握に努め、マンションに関する情報・資料の提供について、その充実を図るとともに、特に、地方公共団体、マンション管理適正化推進センター、マンション管理士等の関係者が相互に連携をとり、管理組合の管理者等の相談に応じられるネットワークの整備が重要である。

　さらに、地方公共団体は、マンション管理士等専門的知識を有する者や経験豊かで地元の実情に精通し、マンションの区分所有者等から信頼される者等の協力を得て、マンションに係る相談体制の充実を図るよう努める必要がある。

　マンション管理適正化推進センターにおいては、関係機関及び関係団体との連携を密にし、管理組合の管理者等に対する積極的な情報・資料の提供を行う等、管理適正化業務を適正かつ確実に実施する必要がある。

　　　　　　　　　　　　　　附則
　　　　　　　　　　（平成28年3月14日国土交通省告示第490号）
（施行期日）
　この告示は、公布の日から施行する。

管理費徴収のための法的手段の内容

滞納者から管理費を回収する手段

　マンション管理組合は、マンションの管理業務を行う際に必要となる諸費用を「管理費」として区分所有者（組合員）から徴収することができます。管理費を支払わない住人がいると、管理組合の会計に悪影響が及んでしまいます。また、その状態を放置してしまうと、その分の負担を他の区分所有者が強いられることになってしまいます。そのため管理組合は、管理費を滞納している区分所有者から、滞納管理費を適切に回収することが重要になります。

　なお、平成28年のマンション標準管理規約の改正によって、滞納管理費を回収する手続きがフローチャートによって詳細に示されました。各マンションにおいても、改正されたマンション標準管理規約の内容をもとにして、滞納管理費を回収するためのマニュアルを作成しておくとよいでしょう。

　以下、滞納管理費を回収するための手続きについて、順を追って確認していきましょう。

滞納発生

　滞納が発生した場合、管理組合は、まず請求や催告をすることになります。管理組合は、滞納者に対して支払いを求めるのと同時に、今後も状況が改善されない場合にはどのような措置を執ることになるのか、滞納者に警告をします。

　滞納者への請求は、滞納期間に合わせて、段階的に行います。たとえば、滞納が発生して1か月目は電話と書面（未納のお知らせ）、2か月目には電話と書面（請求書）、3か月目には電話と書

面(催告書)、というように、期間が経過するごとに書面を厳格な形式に変化させながら、滞納者の支払いを促します。単に滞納者が支払いを失念していたような場合には、たいていは3か月目あたりまでに支払いが行われ、滞納を解消することができます。ここまでに滞納が解消しなかった場合は、4か月目に自宅訪問をし、それでも解消しなければ、配達記録付の内容証明郵便を送ります。

こういった請求や催告を行っても滞納が解消されなかった場合には、次の段階として、滞納者の保有財産の調査や法的措置が行われることになります。

滞納者の保有財産の調査

督促手続きによって滞納が解消されなかった場合、滞納者の保有財産の調査を行います。調査は、大きく分けて、①専有部分等に抵当権などが設定されているかどうか、②専有部分等以外の資産があるかどうか、という2点から進められます。

①の調査は、専有部分等について先取特権が実行できるかどうかを確認するために行われます。滞納管理費を回収する権利(債権)には、先取特権が認められているため、他の一般債権者より優先的に弁済を受けることができます。しかし、この先取特権は、抵当権などの登記された担保権に対しては、劣後します。そこで、専有部分等について先取特権を行使する実効性があるかどうかを、ここで確認することが必要になります。

②の調査では、たとえば、滞納者に金融資産があるかどうか、他に不動産を所有しているかどうか、などを確認します。ただし、金融機関によっては、管理組合からの情報開示請求に対して、滞納者本人の同意を求める場合もあります。また、不動産については登記情報を閲覧して調査を進めていくことになります。

法的措置の内容（担保権の実行や競売請求）

　滞納者の保有財産の調査を行い、準備が整った後に、実効性のある法的措置をとることになります。

　法的措置としては、専有部分等の担保不動産競売の申立て、区分所有者の資産に対する強制執行、区分所有法59条による競売の申立て、という3つの方法があります。これらの方法によって、管理組合は滞納管理費を回収していくことになります。

　専有部分等の担保不動産競売の申立てとは、言い換えると、区分所有法7条に定められた先取特権の実行をすることです。管理組合が有する「マンションの管理費を支払ってもらう」という債権は、滞納者の区分所有権とその建物に備え付けた動産に対して先取特権を有します。したがって、滞納者の保有財産の調査①において、先取特権を行使する実効性があると認められた場合には、管理組合は裁判所に対して先取特権に基づく不動産競売を申し立てることができます。

　この先取特権の実行は、訴訟手続きを経なくても競売をすることができる点が大きな特徴です。ただし、不動産を競売できるのは、「建物に備え付けた動産に対する担保権の実行では、滞納額の全額を回収できない」という場合に限られます。また、競売の対象となる資産の範囲は、専有部分等に限定されるという点にも注意が必要です。

　区分所有者の資産に対する強制執行は、滞納者の保有財産の調査②によって、滞納者に預金やその他の保有財産があると認められたときに有効な手段です。先取特権と異なり、対象となる資産の範囲に制限がない点が特徴といえます。249～251ページに記載するように、強制執行をするためには、まず訴訟などによって債務名義を得てから、執行文の付与を受け、送達証明書を取得することが必要になります。

ただし、債務名義を得る手段の中には、簡素化されたものも用意されています。たとえば、訴訟は、請求金額が140万円を超える場合には地方裁判所において手続きを進めていくことになりますが、請求金額が140万円以下の場合には簡易裁判所において手続きを進めていくことになります。また、請求金額が60万円以下の場合には、少額訴訟というさらに簡易な手続きを選択することができます。少額訴訟を利用すると、即日判決が言い渡されるため、非常にスピーディに強制執行までの手続きを進めていくことが可能になります。

　さらに、請求金額などに争いがない場合には、支払督促に仮執行宣言を付すことによって強制執行を行うこともできます。この支払督促を利用するときは、請求金額がいくらであっても、簡易裁判所の裁判所書記官に対して申立てを行います。支払督促は、費用負担が非常に少ない手続きであるため、管理費滞納の事案でよく利用される方法の１つです。このように、債務名義を得る手段にはさまざまなものがありますので、具体的な事例に合わせて、

■ 滞納管理費の回収手続き

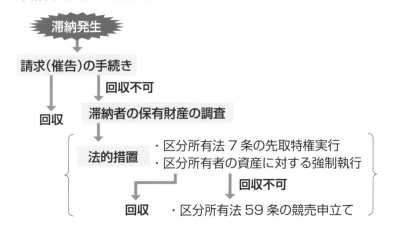

有効な方法を選択するようにしましょう。

　前述した２つの方法によっても滞納管理費の全額を回収できない場合には、最終手段として、区分所有法59条による競売の申立てをする方法があります。この方法は「他の方法では区分所有者の共同生活の維持が困難である」と認められる場合にのみ行うことができます。

　管理費の滞納が長期間にわたっており、その滞納額が高額で、滞納者が支払いの交渉にも全く応じようとしないような場合、管理組合は、裁判所に競売請求訴訟を提起し、認容判決を得て、区分所有法59条による競売の申立てをすることができます。

　競売によって区分所有権が売却されると、新しい所有者が滞納管理費を支払うことになります。

■ マンション管理費の支払請求（内容証明郵便）……

```
　　　　　　　　　　催告書
　当マンションでは、区分所有者の皆様に月
々２万５千円の管理費をお支払いいただくこ
とになっており、それは規約にも規定されて
おります。しかしながら、平成○○年○月分
より、貴殿から管理費の支払いがなされてお
りません。
　つきましては、平成○○年○月から同年×
月分までの未納管理費合計１０万円を直ちに
お支払いいただきますよう請求致します。
　なお、お支払いがない場合は、訴訟手続を
とらざるを得なくなります。その点をお汲み
取りいただき、速やかに対応いただければと
存じます。
　　　平成○○年○月○日
　　　　　東京都○○区○○町○丁目○番○号
　　　　　　　　　○○マンション管理組合
　　　　　　　　　理事長　○○○○　　印
　　　東京都○○区○○町○丁目○番○号○○マ
　　　ンション××× 号室
　　　○○○○　　殿
```

法的手段の利用法

内容証明郵便

　内容証明郵便は、誰が、どんな内容の郵便を、誰に送ったのか、を郵便局（日本郵便株式会社）が証明してくれる特殊な郵便です。内容証明郵便を配達証明付ということにしておけば、郵便物を発信した事実から、その内容、さらには相手に配達されたことまで証明をしてもらえます。後々訴訟になった場合の強力な証拠にもなります。内容証明郵便で1枚の用紙に書ける文字数には下図のように制約があります。

法的手段の利用

　法的手段には、①裁判所で当事者同士が話し合う調停、②裁判所に管理費の強制回収を認めてもらう支払督促、③裁判所に管理

■ 内容証明郵便の書き方

用　紙	市販されているものもあるが、とくに指定はない。 B4判、A4判、B5判が使用されている。
文　字	日本語のみ。かな（ひらがな、カタカナ）、 漢字、数字（算用数字・漢数字）。 外国語不可。英字は不可（固有名詞に限り使用可）
文字数と行数	縦書きの場合　　：20字以内×26行以内 横書きの場合①：20字以内×26行以内 横書きの場合②：26字以内×20行以内 横書きの場合③：13字以内×40行以内
料　金	文書1枚（430円）＋郵送料（82円）＋書留料（430円） ＋配達証明料（差出時310円）＝1252円 文書が1枚増えるごとに260円加算

※平成26年4月1日消費税8％改訂時の料金

費の支払いを求めて訴えを提起する訴訟の3パターンがあります。
① 調停

話し合いで紛争を解決したいと考えたとき、すぐに思い浮かぶ方法が調停です。調停は、第三者である調停機関（簡易裁判所）が紛争の当事者双方の合意が得られるように説得しながら、和解が成立するために努力する手続きです。賃貸借に関するトラブル解決については、宅地や建物の貸借その他の利用関係の紛争に関する調停（宅地建物調停）が利用されています。

② 支払督促

支払督促は居住者の住所地（通常はマンションの所在地）を管轄する簡易裁判所の裁判所書記官に対して申し立てます。少額訴訟は原則として、居住者の住所地を管轄する簡易裁判所に訴えを提起します。支払督促申立書の請求の原因には、住人が所有する物件を記載した上で、管理費の詳細を記載します。具体的には、管理費の算出方法と、いつからいつまでの管理費が未払いであるのかを記載します。その上で、未納管理費の合計額を記載します。

■ 内容証明郵便を書く際の注意事項

- 句読点
  「、」や「。」は1文字扱い
- ☐ の扱い
  文字を☐で囲うこともできるが、☐を1文字としてカウントする。たとえば、「角角」という記載については3文字として扱う
- 下線つきの文字
  下線をつけた文字については下線と文字を含めて1文字として扱う。たとえば「3か月以内」は5文字扱い
- 記号の文字数
  「％」は1文字として扱う　　「㎡」は2文字として扱う
- 1字下げをした場合
  文頭など、字下げをした場合、空いたスペースは1字とは扱わない

③　訴訟

　紛争の最終的な解決手段として利用されることが多い手続きです。裁判所に対して訴訟を提起し、勝訴判決を得ることによって目的を実現します。勝訴しても、相手方が従わない場合には、強制執行の手続きをする必要があります。

　訴訟は、居住者の住所地（通常はマンションの所在地）を管轄する地方裁判所あるいは簡易裁判所に訴えを提起します。原則として、140万円以下であれば簡易裁判所、これを超える場合には地方裁判所が管轄になります。

　少額訴訟は、回収しようとする金額が60万円以下の場合に利用できる簡易な訴訟です。訴訟を提起する裁判所は、簡易裁判所です。手続きが簡単なため、自分で手軽に利用できます。訴状（少額訴訟）には未納管理費の金額を記載し、請求を根拠付けるマンション管理規約などを提出します。本事例では請求額が10万円なので、1000円分の収入印紙を訴状に貼付して納付します。

強制執行

　強制執行は、裁判所が、権利者の権利内容を強制的に実現する手続きです。たいていの被告は、判決が確定すればそれに従うこ

■ 訴訟手続きの流れ

訴え → 口頭弁論
* 第一回口頭弁論
* 争点及び証拠の整理手続
* 証拠調べ
* 口頭弁論終結
→ 判決の言渡し
* 判決書の送達
→ 上訴（控訴・上告）
（判決に不服な場合）

とが多いものですが、従わない場合には強制執行という手続きが必要になります。

裁判に勝ったからといって、直ちに被告の財産に対し強制執行できるわけではありません。

まず、強制執行の根拠となる債務名義と呼ばれるものを手に入れなければなりません。債務名義とは、わかりやすくいえば、強制執行を許可する文書ということになります。判決以外にも、調停が成立した場合の調停調書、仮執行宣言付支払督促、異議の申立てがなかった場合の労働審判などが債務名義となります。

次に、債務名義の末尾に「強制執行をしてもよろしい」という「執行文」をつけてもらいます。そして債務者がその通知を確かに受け取ったという送達証明書を手に入れます。送達証明書は、債務者にこういう内容の強制執行をします、という予告です。債務者がこの時点で、自ら義務を果たすということもあり得ます。

以上、「債務名義・執行文・送達証明書」の3点セットがそろってはじめて強制執行をしてもらう準備ができたことになります。

強制執行は通常、地方裁判所が行いますが、少額訴訟にかかる債務名義による強制執行（債権執行）は、債務名義を作成した簡

■ **おもな債務名義**

債務名義になるもの	備考
判決	確定しているものでなければならない
仮執行宣言付きの判決	確定していないが一応執行してよいもの
支払督促＋仮執行宣言	仮執行宣言を申し立てる
執行証書	金銭支払のみ強制執行が可能
仲裁判断＋執行決定	執行決定を求めれば執行できる
和解調書	「○○円払う」といった内容について執行可能
認諾調書	請求の認諾についての調書
調停調書	「○○円払う」といった内容について執行可能

易裁判所の裁判所書記官も行うことができます。この裁判所書記官が行う強制執行を少額訴訟債権執行といいます。

区分所有法7条(先取特権)と区分所有法59条の競売手続

区分所有法7条に基づく競売は、管理費を滞納する者がいる場合にとり得る手段のひとつです。ただし、不動産の競売は、「対象となる建物に備え付けた動産に対する担保権の実行では管理費の滞納額を回収できない場合」のみ認められています。また、区分所有法59条の競売手続きは、他の方法によってはその他の区分所有者の共同生活の維持を図ることが困難な場合に、滞納者を排除するために行うことができる手段です。この場合、競売の申立て前に競売請求訴訟を提起し、認容判決を得る必要があります。

不動産競売をする場合、競売の申立ては、その不動産の所在地を管轄する地方裁判所に行うのが一般的です。申立書の添付書類としては、規約や理事会の議事録などが求められます。売却手続きは、入札などによって実施されます。一番高い金額で入札した人(最高価買受申出人)に問題がなければ、その人が買受人となり、裁判所に代金を納付することになります。

■ **不動産競売手続きの流れ**

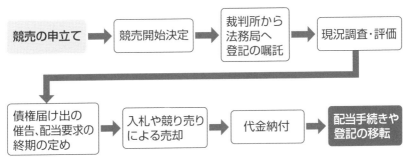

書式 マンション管理費請求のための支払督促申立書

支払督促申立書

マンション管理費等 請求事件
当事者の表示　　　別紙当事者目録記載のとおり
請求の趣旨及び原因　別紙請求の趣旨及び原因記載のとおり

「債務者　は、　　　　債権者に対し、請求の趣旨記載の金額を支払え」
との支払督促を求める。

申立手続費用　　金　　　　2,500　円
内　　訳
　　申立手数料（印紙）　　　　　　500　円
　　支払督促正本送達費用（郵便切手）　1,080　円
　　支払督促発付通知費用　　　　　120　円
　　申立書作成及び提出費用　　　　800　円
　　資格証明手数料　　　　　　　　　　円

平成○○年　○月　○日
住　　所：〒000-0000
（所在地）東京都○○区○○１丁目１番１号○○マンション△△△号室
債権者氏名：○○マンション管理組合
（名称及び代表者の資格・氏名）代表者理事長　甲山太郎

　　　　　　　　　　　　　　　　　　　　　㊞

（電話03-0000-0000　　　　　）
（FAX03-0000-0000　　　　　）

東京　簡易裁判所　裁判所書記官　殿

価額　　　　100,000　円
貼用印紙　　　　500　円
郵便切手　　　1,200　円
葉書　　　　　　　1　枚
添付書類　☑資格証明書　　1　通
　　　　　□　　　　　　　　通
　　　　　□　　　　　　　　通

受付印	
貼用印紙	円
葉書	枚
郵便切手	円

請求の趣旨及び原因

請求の趣旨

1　金　　　100,000 円
2　(☑上記金額、□上記金額の内金　　　　　円) に対する
　　(☑支払督促送達日の翌日、□平成　　年　　月　　日)
　　から完済まで、年 ○ %の割合による遅延損害金

3　金　　　　2,500 円（申立手続費用）

請求の原因

1　(1) 契約日　平成 ○○年 ○月 ○日

　　(2) 債務者が区分所有権を有する建物の所在地
　　　　東京都○○区○○1丁目1番1号○○マンション×××号室

　　(3) 契約の内容
　　　　債務者は債権者に対し以下の条件でマンション管理費用を支払う

　　　　・区分所有者は、毎月末日払い、専有面積1辺り月金○○○円の
　　　　　翌月分の管理費を支払う

　　　　・債務者の専有面積は○○.○○であり、月額の管理費は25,000円
　　　　　である

2

管理費	支払済みの額	残　額
100,000円 (平成○○年○月分 ～平成○○年○月分)	0円	100,000円

書式 マンション管理費請求のための訴状

訴　状

事件名　管理費支払　請求事件

☑少額訴訟による審理及び裁判を求めます。本年，この裁判所において少額訴訟による審理及び裁判を求めるのは　1　回目です。

　　　　　　　　　○○簡易裁判所　御中　　　　平成○○年○月○日

原告（申立人）	〒000-0000 住　所（所在地）　東京都○○区○○町○丁目○番○号 氏　名（会社名・代表者名） 　　　　　　　○○○○マンション管理組合　理事長○○○○　印 TEL00-0000-0000　　FAX00-0000-0000
	送達場所等の届出
	原告（申立人）に対する書類の送達は，次の場所に宛てて行ってください。 ☑上記住所等 □勤務先　名　称 　　　　　〒 　　　　　住　所 　　　　　　　　　　　TEL　　-　　- □その他の場所（原告等との関係　　　　　　　　　　） 　　〒 　　住　所 　　　　　　　　　　　TEL　　-　　- □原告（申立人）に対する書類の送達は，次の人に宛てて行ってください。 　氏　名
被告（相手方）1	〒000-0000 住　所（所在地）　東京都○○区○○町○丁目○番○号○○マンション×××号室 氏　名（会社名・代表者名） 　　　　　　　○○○○ TEL00-0000-0000　　FAX00-0000-0000
	勤務先の名称及び住所 　　　　　　　　　　　TEL　　-　　-
被告（相手方）2	〒 住　所（所在地） 氏　名（会社名・代表者名） TEL　　-　　-　　FAX　　-　　-
	勤務先の名称及び住所 　　　　　　　　　　　TEL　　-　　-

訴訟物の価額	100,000 円	取扱者
貼用印紙額	1,000 円	
予納郵便切手	円	
貼用印紙	裏面貼付のとおり	

一般

請求の趣旨	1　被告は、原告に対して、次の金員を支払え。 　　　金　　　　　100,000　円 　　□上記金額　□上記金額の内金　　　　　　　円に対する 　　　平成　　年　　月　　日から平成　　年　　月　　日まで 　　　　　年　　　％　の割合による金員 　　□上記金額　□上記金額の内金　　　　　　　円に対する 　　　平成　　年　　月　　日から支払済みまで 　　　　　年　　　％　の割合による金員 　　☑上記金額に対する　｛□平成　　年　　月　　日／☑訴状送達の日の翌日｝から支払済みまで 　　　　　年　５　％　の割合による金員 2　訴訟費用は、被告の負担とする。 との判決(□☑び仮執行の宣言)を求めます。
紛争の要点（請求の原因）	1　被告は○○マンションの区分所有者であり、当マンション管理規約第○条により、毎月末25,000円の管理費を当マンション管理組合に支払うことになっている。 2　被告は平成○○年○月から同年×月分までの管理費を滞納しており、再三にわたり支払を請求しても全くこれに応じない。 3　よって、原告は被告に対し、未納管理費100,000円及びこれに係る遅延損害金を上記のとおり請求するものである。
添付書類	・○○マンション管理規約

【監修者紹介】
藤田　裕（ふじた　ゆたか）
1969年千葉県出身。法政大学法学部卒業。弁護士（第二東京弁護士会所属）。東京山手法律事務所所属。おもに消費者問題、医療過誤事件、交通事故、刑事事件等を担当。
著作に『消費者契約法・特定商取引法・割賦販売法の法律知識』『裁判員制度と刑事訴訟のしくみ』『患者・家族のための医療訴訟実践手続マニュアル』『病院や医療事故をめぐる法律とトラブル解決マニュアル』『クレジット・サラ金の法律と実践的解決法　ケース別90』『特定商取引法とクーリング・オフのしくみと手続き』『最新　消費者契約法・特定商取引法・割賦販売法のしくみ』『最新版　訴訟のしくみ』（小社刊）、『交通事故をめぐる法律知識』『借金整理の方法と自己破産のしくみ』（編著　同文館出版）、『最新　法律がわかる事典』（共著　日本実業出版社）、『小さな事業者の破産手続きと借金整理』（編著　日本実業出版社）がある。

すぐに役立つ
図解とQ&A
マンション管理の法律とトラブル解決マニュアル

2016年7月10日　第1刷発行

監修者		藤田　裕
発行者		前田俊秀
発行所		株式会社三修社
		〒150-0001　東京都渋谷区神宮前2-2-22
		TEL　03-3405-4511　FAX　03-3405-4522
		振替　00190-9-72758
		http://www.sanshusha.co.jp
		編集担当　北村英治
印刷・製本		萩原印刷株式会社

©2016 Y. Fujita Printed in Japan
ISBN978-4-384-04687-8 C2032

Ⓡ〈日本複製権センター委託出版物〉
本書を無断で複写複製（コピー）することは、著作権法上の例外を除き、禁じられています。本書をコピーされる場合は事前に日本複製権センター（JRRC）の許諾を受けてください。
JRRC（http://www.jrrc.or.jp　e-mail：jrrc_info@jrrc.or.jp　電話：03-3401-2382）